ART ET HISTOIRE DE
PRAGUE

Textes de GIULIANO VALDES

Photographies de ANDREA PISTOLESI

BONECHI

AK Studio
oficiální zastoupení pro ČR
vydavatelství a nakladatelství
CASA EDITRICE BONECHI
182 00 Praha 8, Horňátecká 1772/19
tel./fax: +420 / 284 686 606, mobil: +420 602 368 449
E-mail: akstudio@bonechi.cz Internet: www.bonechi.cz

Création et projet: Editions Bonechi
Chef d'Edition: Monica Bonechi
Projet graphique et recherche iconographique: Serena de Leonardis
Couverture: Sonia Gottardo
Mise en page vidéo: Manuela Ranfagni
Rédaction: Giovannella Masini *et* Editing Studio - Pisa

Textes: Giuliano Valdes
Traduction: Valérie Aubri

Imprimé en Italie par Centro Stampa Editoriale Bonechi.

Les photographies appartiennent aux Archives des Editions Bonechi et ont été réalisées par:
Andrea Pistolesi, *à l'exception des photographies pages 6 bas, 42 bas, 67, 70, 98, 121, 122, 123, qui ont été réalisées par* Gianni Dagli Orti.

Dessins pages: 8-9, 56-57, 76: Stefano Benini
Plan pages 126-127: Bernardo Mannucci

ISBN 88-8029-557-8

* * *

INTRODUCTION

La "Ville magique", la "Ville dorée", la "Ville aux cent tours", la "Paris de l'Est", voici quelques unes des définitions les plus courantes, utilisées dans la presse touristique, lorsque l'on parle de Prague; environ 1.200.000 habitants, capitale de la République Tchèque depuis le 1er Janvier 1993, chef lieu de la Bohême centrale. Précieux écrin contenant des trésors architecturaux, artistiques et culturels, cette ville au charme particulier, (les palais et les constructions affichent un peu partout leurs belles formes architecturales aux proportions équilibrées et aux décorations recherchées) s'étend hautaine, sur les berges de la Vltava et sur les douces collines qui parsèment ce coin de Bohême. Creuset d'ethnies depuis les époques les plus lointaines, Prague a vécu dans le mélange des cultures tchèque, juive et allemande, laissant libre cours aux mouvements religieux, aux échanges, au commerce et à l'industrie; tout ceci grâce à sa position géographique favorable par rapport aux voies de communications entre l'Europe Centrale et l'Europe de l'Est, entre le Nord et le Sud du vaste territoire germano-slave.
Cette ville qui a accueilli ou a vu naître des personnages illustres comme les astronomes Tycho Brahe et Jean Kepler, les architectes Dientzenhofer, Albert Einstein, Wolfgang Amadeus Mozart, Antonín Dvořák, Bedřich Smetana, Jaroslav Hašek, Franz Kafka, Jan Hus, Saint-Jean-Népomucène et tant d'autres, est un patrimoine de la culture et de la civilisation du monde entier. Prague a survécu au cours des siècles, aux guerres et aux fléaux. Seuls les chars du Pacte de Varsovie ont eu raison en 1968 de l'indomptable rebelle: la soif de liberté d'un peuple s'est calmée 23 ans après les flammes qui assaillirent Jan Palach, faisant de lui le martyre d'un "Printemps" brisé.
Les premiers sites sur les lieux de la ville actuelle remontent au Néolithique. A partir du IXème siècle on parle des premières fortifications. Les premières concentrations de population ont eu lieu entre le IXème siècle et le Xème siècle, autour des forteresses Hradčany et Vyšehrad. A partir de cette époque les Přemyslides en firent le plus grand château de Bohême, le pôle d'attraction des artisans et marchands, juifs et allemands pour la plupart. Devenue siège de l' évêché (en l'an 973), Prague obtint le statut de ville entre 1232 et 1235. Charles IV la désigna capitale de l'Empire, y fondant l'Université (en 1348) et créant les bases d'un grand développement urbain. En 1419 les disciples de Želivský libérèrent les hussites détenus dans l'Hôtel de Ville de Nové Město, défenestrant les conseillers catholiques: ce fut le début d'une longue période de luttes religieuses. L'avènement des Habsbourgs en 1526, donna naissance au déclin de Prague, particulièrement évident après l'échec de la révolte contre les têtes couronnées viennoises (1547). Limitée dans son autonomie et privée de la Cour qui fut transférée à Vienne, Prague connut un réveil éphémère sous le règne de Rodolphe II qui s'y installa (1583 - 1610), accentuant d'autre part la germanisation de cette ville. La révolte Tchèque de 1618 qui commença avec la "seconde défenestration de Prague", ouvrit les portes à la Guerre de Trente ans. Après la défaite de la bataille de la Montagne Blanche (8/11/1620), Prague déchut sous tous ses aspects: la vague d'émigration des bourgeois au cours de la première moitié du XVIIème siècle fut d'une importance biblique. Les mouvements insurrectionnels de 1848 tentèrent en vain d'affirmer la liberté des peuples slaves, opposés à la politique de centralisation lancée par Joseph II. L'année 1861, avec l'affirmation des slaves lors des élections municipales, marqua une nette inversion de tendance. Entre le XIXème siècle et le XXème siècle, le développement économique et industriel de Prague attira en ville bon nombre de la population rurale, renforçant au même moment l'intérêt des nobles pour la vie culturelle et intéllectuelle.
Après la grande guerre, Prague fut proclamée capitale de la Tchécoslovaquie. Occupée par les nazis (1939), elle en subit la brutale domination jusqu'en 1945, date à laquelle elle fut libérée par les russes. En 1948, un coup d'état communiste transforma la Tchécoslovaquie en République Populaire. L'année 1960 marqua la naissance de la République Socialiste Tchécoslovaque. Le long calvaire semblait diminuer en 1968 lorsqu'un nouveau courant plus libéral créé par Dubček (appelé "Printemps de Prague") fit apparaître une lueur de réforme et de libertés civiles. Mais l'épée de Damoclès du monolithe soviétique communiste s'abattit avec brutalité (20/8/1968), en envoyant les chars à Prague et en provocant l'indignation de ses habitants qui culmina avec le suicide des étudiants Palach et Zajíc. Vingt ans plus tard, la foule manifestait contre les occupants soviétiques, réclamant liberté et droits civils. Malgré la répression policière qui se poursuivit également l'année suivante pour s'opposer aux réclamations du mouvement "Charta 77"; une étincelle conduisit à travers la "Révolution de velours", à la chute du régime communiste en Tchécoslovaquie et aux démissions de Gustav Husák. Václav Havel lui succéda à la Présidence de la République (fin 1989). Les libres élections de 1990 marquèrent la victoire de la liste guidée par Havel et par Dubček, de retour de Slovaquie.
Le 1er janvier 1993, la scission de la République fédérale tchécoslovaque fut ratifiée, donnant naissance à la République tchèque, avec pour capitale Prague, et à la Slovaquie, dont la capitale est Bratislava.

Aux pages précédentes: une très belle vue nocturne sur le Pont Charles, Malá Strana et le Château monumental de Prague.

Une belle vue de Prague, de la colline de Petřín au quartier de Malá Strana, dominé par le Château.

Vue de Prague au XIXème siècle (détail d'une acquarelle de Morstadt).

L'entrée principale du Château en venant de Hradčanské náměstí.

CHATEAU
Pražský hrad

Ses dimensions font de lui, une des forteresses les plus importantes du Monde. Il représente l'essence même de Prague, ainsi que la mémoire historique de la très jeune République Tchèque. Cet édifice que nous devons à la dynastie des Přemyslides, date de la seconde moitié du IXème siècle. Les agrandissements, qui se sont succédés au cours des siècles et sont allés de pair avec les incendies et les destructions, nous ont donné cet ensemble monumental que nous pouvons admirer aujourd'hui. Les restes des époques romane, gothique, Renaissance et baroque témoignent de la succession de différentes cultures, époques historiques, tendances architecturales et artistiques.

CHATEAU

Le vitrail de Mucha

La rosace de Kysela

Chapelle de la Sainte-Croix

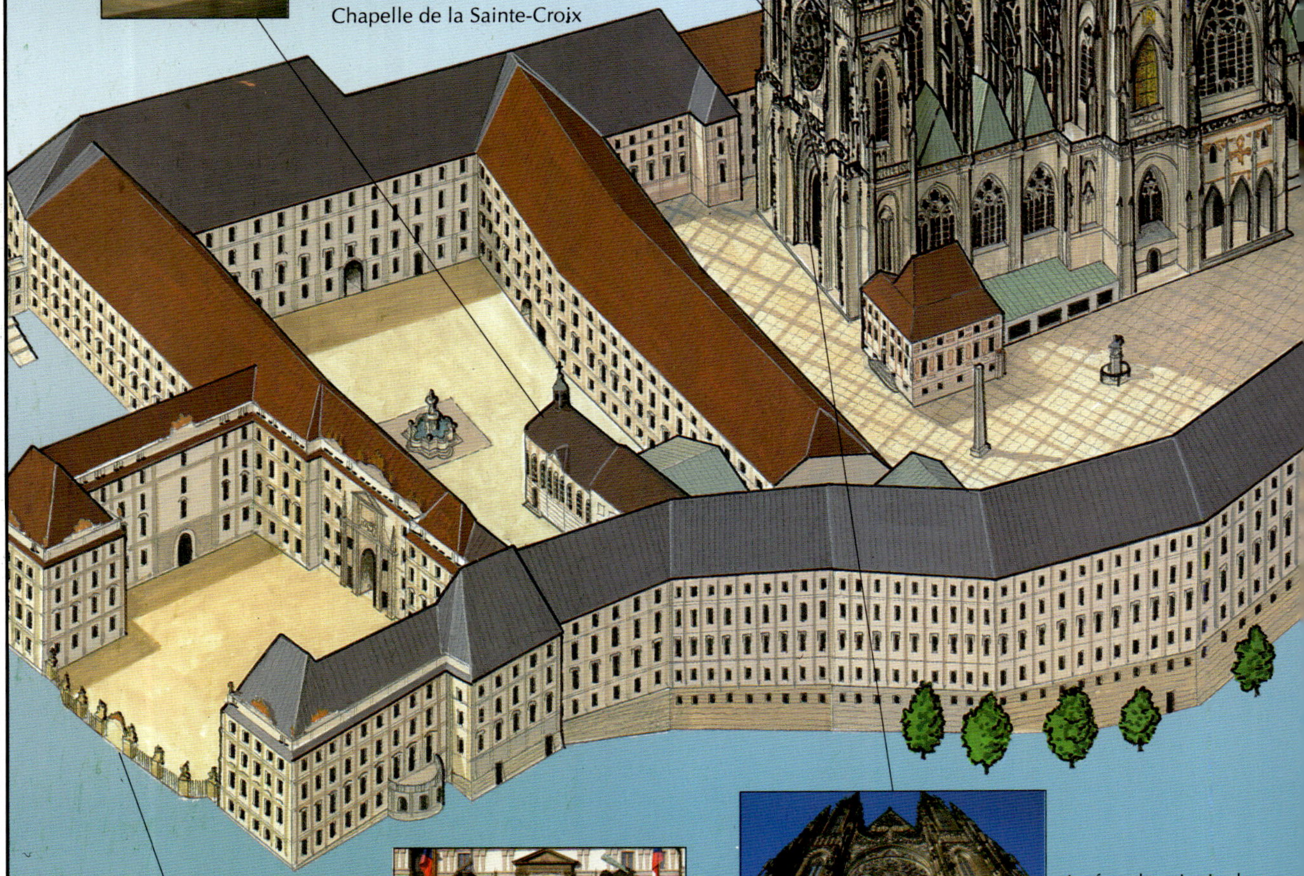

L'accès au Château

La façade principale de la Cathédrale Saint-Guy

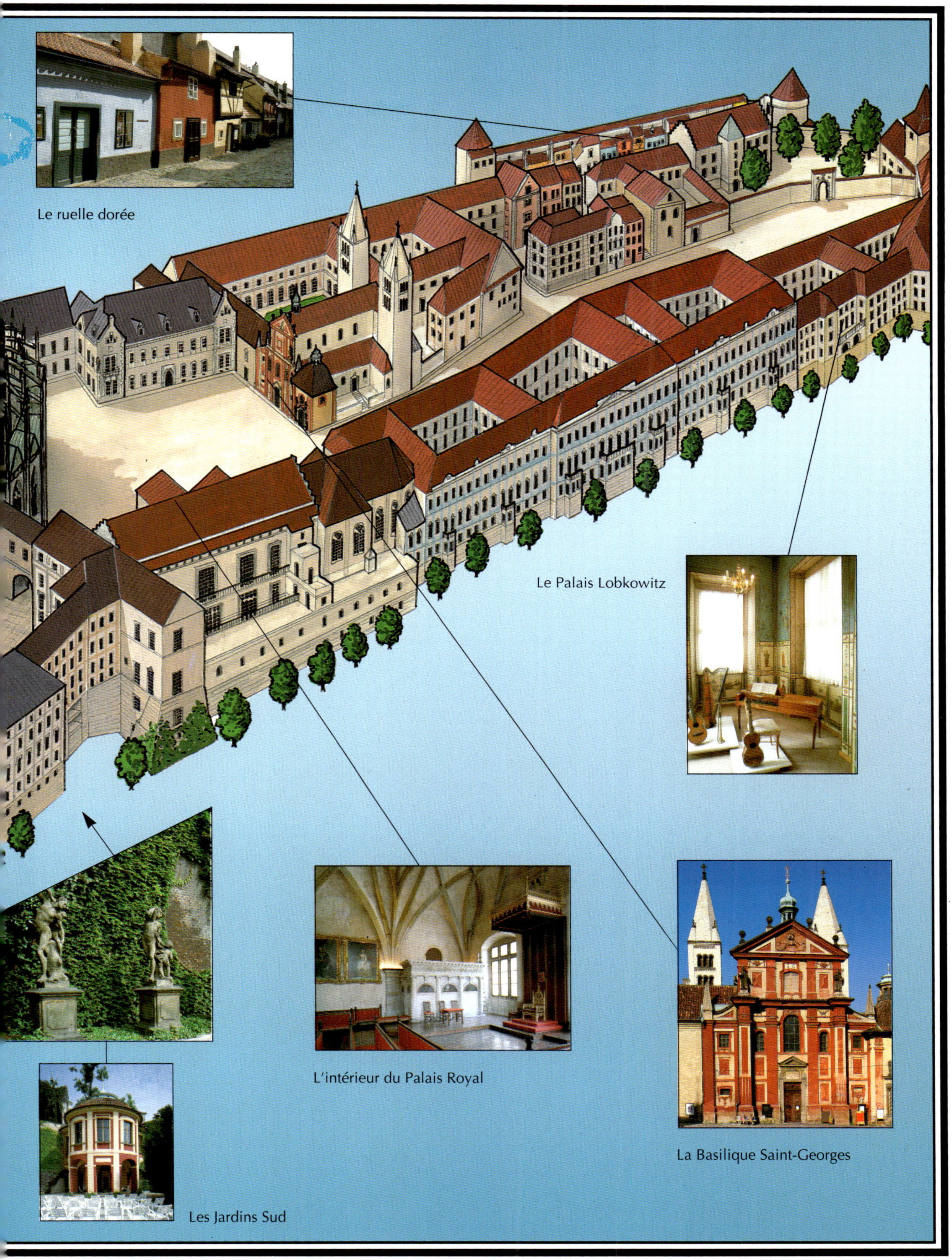
Le ruelle dorée
Le Palais Lobkowitz
L'intérieur du Palais Royal
La Basilique Saint-Georges
Les Jardins Sud

Le portail qui mène à la Cour d'Honneur.

Un détail de la "Gigantomachie" (copie de I. Platzer le Vieux) qui surplombe le portail d'accès à la Cour d'Honneur.

La **Cour d'Honneur** (ou **première cour**) est une réalisation qui remonte à l'époque des Habsbourg (XVIIIème siècle); Marie Thérèse d'Autriche confia le projet à l'architecte de Cour, N. Pacassi; A. Lurago dirigea les travaux. Au dessus du portail d'accès, sur les deux côtés, se trouvent: une ***Gigantomachie***, des copies de sculptures de I. Platzer le Vieux (XVIIIème siècle). Après avoir franchi la **Porte Mathias** (XVIIème siècle), on accède à la **Seconde Cour** égayée par une fontaine baroque (XVIIème siècle) avec ses sculptures de H. Kohl.

Les tours de la Cathédrale vues de la Porte Mathias.

Un détail des sculptures qui ornent la fontaine de la Seconde Cour.

GALERIE DU CHATEAU
Obrazárna Pražského hradu

Dans le second édifice situé à l'angle nord-ouest de la Cour, se trouve depuis 1965, la Galerie du Château. Des peintures qui se trouvaient déjà dans la Galerie de Rodolphe et dans celle de Ferdinand II y sont exposées. Cette interessante pinacothèque regroupe les oeuvres d'illustres peintres européens.

Parmi les plus représentatifs, nous citerons Jacopo Robusti, dit "Le Tintoret" (*Bergers en adoration de Jésus; La Femme adultère devant le Christ*), Le Titien (*Une Jeune Femme*, oeuvre mieux connue sous le nom de *Toilette d'une jeune femme*), P. Brandl (*L'Apôtre Paul*), Véronèse (*Sainte Catherine et l'ange*), G. Reni (*Nessos et Déjanire*), P.P. Rubens (*l'Olympe*), Hans von Aachen (*Portrait de l'Empereur Mathias*), Jan Kupecký, J.P. Brandl.
Dans la partie opposée à la cour se trouve la **Chapelle de la Sainte-Croix**, une oeuvre de A. Lurago datant du XVIIIème siècle. Aux murs, peintures de V. Kandler et J. Navrátil; les sculptures, du XIXe siècle, sont dues à E. Max (*Saint Pierre et saint Paul, Saint Jean Népomucène*).
La **troisième Cour**, coeur de l'ancienne forteresse, constitue le noyau du Château avec la Cathédrale, l'Ancienne Prévôté et le Palais Royal.

Une vue extérieure de l'élégante Chapelle de la Sainte-Croix.

Chapelle de la Sainte-Croix: les riches décorations de l'intérieur de cette chapelle.

Chapelle de la Sainte-Croix: les magnifiques peintures qui décorent sa voûte en berceau.

DEBORAH
DANIEL

La Cathédrale Saint-Guy au crépuscule, la tour principale, l'Ancienne Prévôté et l'obélisque aux Morts de la Grande Guerre.

Cathédrale Saint-Guy: le gros plan de la magnifique façade néogothique met en valeur le riche portail et la splendide rosace.

CATHEDRALE SAINT-GUY
Chrám svatého Víta

L'histoire de cette construction grandiose, achevée uniquement en 1929, commence aux alentours de 926, lorsque Saint-Venceslas fit ériger la rotonde Saint-Guy. Plus d'un siècle plus tard, on construisit une basilique romane sur laquelle on bâtit, à partir de la première moitié du XIVème siècle, une cathédrale gothique. Le projet fut conçu par M. d'Arras, architecte français invité à Prague par Charles IV, qui s'inspira du Premier gothique français, en prenant modèle sur les cathédrales de Toulouse et de Narbonne et en commençant du reste, par la construction du Choeur de la cathédrale. Ce dernier possède d'ailleurs des dimensions imposantes (47 mètres de longueur et 39 mètres de hauteur).

A la mort de M. d'Arras, la direction des travaux fut confiée à Peter Parler (1356) qui enrichit la cathédrale en suivant le style gothique allemand. L'impressionnant clocher domine la Cathédrale de ses 99 mètres de hauteur. Dans la seconde moitié du XVIème siècle, Hans du Tyrol et B. Wohlmut réalisèrent la couverture Renaissance du clocher, avec sa balustrade. La flèche élancée est un ajout baroque, oeuvre de Pacassi (1770). Le clocher abrite la plus grande cloche de Bohême, *la cloche de Saint-Sigismond* (XVIème siècle). En 1872, J. Mocker reprit les travaux pour achever cet édifice grandiose. Il suivit fidèlement le projet de Peter Parler et intervint sur la partie

ouest de la cathédrale qui se caractérise par ses précieux traits néo-gothiques. Dans la même période le portail fut commencé et achevé par K. Hilbert en 1929. La même année, la cathédrale, finalement achevée 1000 ans après la mort de Saint-Venceslas, fut consacrée. La **façade**, enserrée entre deux tours identiques, ressort grâce à sa décoration néo-gothique représentée en particulier par la rosace centrale et les portails. Cette façade est le fruit des travaux entrepris dans la seconde moitié du XIXème siècle et dans la première moitié du XXème siècle. La magnifique rosace a été réalisée par F. Kysela entre 1925 et 1927; elle représente des *épisodes de la Création*.

Cathédrale Saint-Guy: détails de la précieuse rosace qui enrichit la façade ouest et des vitraux d'art.

Des scènes représentant la "Passion du Christ" décorent la lunette du portail d'accès à la cathédrale.

Vue extérieure des imposants contreforts du Choeur et des riches décorations gothiques.

Gros plan d'une gargouille représentant un monstre.

L'**intérieur** monumental, véritable triomphe du style gothique, possède des dimensions impressionnantes (124 mètres de longueur, 33 mètres de hauteur dans la nef principale, 60 mètres de largeur en correspondance avec le transept). Nous nous trouvons en présence de l'église la plus grande de Prague et de l'édifice le plus impressionnant du quartier du château. L'intérieur se divise en trois nefs avec leurs imposantes colonnes soutenant des arcs ogivaux. Nous ne manquerons pas d'admirer les belles voûtes en croisée d'ogives à nervures et les magnifiques vitraux polychromes. Certains de ces vitraux sont des oeuvres importantes d'artistes Tchèques du XXème siècle; nous pouvons admirer par exemple, les vitraux réalisés par A. Mucha (troisième chapelle dans la nef de gauche). Le Triforium accueille les bustes des architectes de la Cathédrale, les bustes d'hommes célèbres, ainsi que ceux de la famille de Charles IV.

Cathédrale Saint-Guy: vue de l'intérieur avec ses géométries et ses décorations caractéristiques de l'architecture gothique.

Une vue de la chaire.

Gros plan du magnifique vitrail de Max Švabinský dans l'abside.

BOHU KU CHVÁLE
VLASTI K SLÁVĚ
UMĚNÍ KE CTI-VĚNUJE
BANKA SLÁVIE
NAVRHL
ALFONS MUCHA
PROVEDL
JAN VESELÝ

Cathédrale Saint-Guy: gros plan du vitrail Art nouveau (Saint-Cyrille et Saint-Méthode) réalisé par Alfons Mucha.

Vue d'ensemble du vitrail réalisé par Alfons Mucha (troisième chapelle de la nef gauche).

La rosace vue de l'intérieur de la cathédrale.

A l'extérieur, au dessus du portail sud (ou *Porte d'Or*), on peut admirer une **mosaïque** du XIVème siècle (représentant le *Jugement Dernier*), ainsi que les *portraits de Charles IV et d'Elisabeth de Poméranie*. Plus en hauteur, la fenêtre à plusieurs arcs qui représente le *Jugement Dernier*, a été réalisée en 1934 par M. Švabinský qui employa plus de 40.000 éléments. La tribune des chantres abrite des orgues grandioses du XVIIIème siècle. La *Tombe Impériale*, face au maître-autel est en quelque sorte le mausolée des Habsbourg. Elle a été construite au cours de la seconde moitié du XVIème siècle par A. Colijn et est ornée des *statues de Ferdinand Ier, Anne et Maximilien II*. Les mé-

daillons représentent les membres de la famille royale. Parmi les nombreuses chapelles, nous remarquerons en particulier celle de **Saint-Venceslas**. Elle a été construite par P. Parler au XIVème siècle, là où éxistait déjà la rotonde abritant la dépouille du saint patron. Nous ne manquerons pas d'observer les précieuses décorations en pierres dures de Bohême. Les peintures murales représentant *la Passion* ont été réalisées au XIVème siècle par le Maître Oswald de Prague; celles qui retracent la *légende de Saint-Venceslas* ont été réalisées au XVIème siècle par le Maître de l'autel de Litoměřice.
Cette chapelle conduit à l'inaccessible *Trésor royal*, contenant les joyaux de la Couronne de Bohême. Les joyaux ne sont exposés au public qu'exceptionnellement, et uniquement sur le sol du Château de Prague. A proximité, la *Chapelle de la Sainte-Croix* conduit à la *Crypte Royale*. Cette dernière, restaurée au cours de la première moitié du XXème siècle, abrite les dépouilles des souverains de Bohême (parmi lesquels, Charles IV, Venceslas IV, Ladislas Postume, Jiří de Poděbrad, Rodolphe II). La Sacristie, connue également sous le nom de *Chapelle Saint-Michel*, possède de magnifiques voûtes construites par P. Parler.

Cathédrale Saint-Guy: la Chapelle Saint-Sigismond.

Une vue des chapelles de la nef gauche.

Photographies montrant le tombeau de Saint-Jean-Népomucène dans son ensemble ainsi qu'un détail; le sépulcre du saint patron de Bohême est une précieuse oeuvre en argent du XVIIIème siècle.

Cathédrale Saint-Guy: Vue de la Chapelle Saint-Venceslas, précieux exemple de l'architecture de Petr Parler (XIVème siècle).

Cathédrale Saint-Guy: les deux photographies représentent des détails de la chapelle Saint-Venceslas.

Aux pages suivantes: d'autres détails (tabernacle et autel) de la chapelle Saint-Venceslas ornée de magnifiques fresques et qui est sans contexte la plus belle chapelle de la cathédrale de Prague.

A proximité de la *Chapelle Sainte-Anne* se trouve un panneau de bois sculpté, représentant la *Fuite de Frederic V du Palatinat*, épisode célèbre de l'histoire de Prague (Bataille de la Montagne Blanche-1620). Ce panneau fournit également une bonne représentation de ce qu'était Prague en 1630. Nous remarquerons également la *Chapelle Saint-Jean-Népomucène* qui est ornée des bustes en argent représentant *Saint-Adalbert, Saint-Cyrille, Saint-Venceslas et Saint-Guy* (fin du XVIIème siècle). En face, se trouve le précieux *Tombeau de Saint-Jean-Népomucène* réalisé en argent, au cours de la première moitié du XVIIIème siècle, par A. Corradini et J.J. Würth qui se sont inspirés d'un dessin de J.E. Fischer von Erlach. Au centre de l'abside, derrière le maître-autel s'ouvre la *Chapelle Sainte-Marie*. Elle abrite des tombeaux qui ont été réalisés par des élèves de la famille Parler. Face à la Chapelle se trouve le *Tombeau de Saint-Guy*. La statue du Saint est une oeuvre de J. Max. A côté, la *Chapelle des Reliques*, également dite *Chapelle Saxonne*, accueille quelques tombeaux de la dynastie des Přemyslides, construits par les élèves de la famille Parler.

Une vue du Palais Royal, depuis la Vltava.

Ancienne Prevôte (*Staré proboštství).*
Elle longe la façade sud-ouest de la Cathédrale. Jadis Palais Episcopal, elle a été restaurée par endroits en style baroque, au cours du XVIIème siècle. Nous admirerons la *Statue de Saint-Venceslas,* oeuvre de J.J. Bendl datant du XVIIème siècle.
A proximité de l'édifice, se trouvent un ***Obélisque*** en granit (1928), érigé à la mémoire des défunts de la Grande Guerre, ainsi que le ***Monument équestre de Saint-Georges*** (copie de l'original du XIVème siècle de Georg et Martin von Klausenburg).

PALAIS ROYAL
Starý královský palác

Il a été érigé au cours du XIIème siècle, sur les lieux d'une cour princière datant du IXème siècle. L'édifice, de style roman à l'origine, a été successivement transformé et agrandi (aux XII, XIII, XIV, XV et XVIème siècles). Jusqu'au règne des Habsbourg, le Palais était le siège des souverains de Bohême. Parmi les nombreuses salles, nous remarquerons en particulier la **Salle Vladislas,** conçue par B. Ried de Piesting et réalisée à la fin du XVème siècle. On admirera les splendides voûtes à nervures de la fin de la période gothique. Dans cette salle se déroulaient autrefois les banquets et les dîners solennels; de nos jours, c'est ici qu'ont lieu les élections du Président de la République.
A côté, la **Chapelle de la Toussaint** est une construction de P. Parler, datant du XIVème siècle; elle a été modifiée et agrandie au cours de la seconde moitié du XVIème siècle, après un incendie. L'autel latéral droit abrite une *Déposition* fin Renaissance. Le maître-autel, datant de la moitié du XVIIIème siècle, est embelli par une peinture (*la Toussaint*).
La *Salle de la Diète,* construite au XIVème siècle, a été refaite après un incendie pendant la seconde moitié du XVIème siècle.
Nous n'oublierons pas de visiter le *Palais de Ludovic* avec sa *Chancellerie de Bohême* (c'est le lieu où furent défenestrés les gouverneurs impériaux, événement à l'origine de la guerre de Trente ans) ainsi que la *Chambre Verte,* ornée de nombreuses armoireries, autrefois siège des audiences royales et de l'administration de la justice.

Palais Royal: un détail des magnifiques voûtes de l'Escalier des Cavaliers, de la fin de la période gothique.

Palais Royal: une vue suggestive de l'Escalier des Cavaliers.

Palais Royal: Suggestions du passé dans la Salle Vladislav qui possède de superbes voûtes de la fin de la période gothique.

Palais Royal: précieux poêle du XVIIème, dans la Chancellerie de Bohême.

Une vue de la Salle de la Diète avec son trône.

De nombreux blasons décorent les voûtes et les murs de la Salle des registres fonciers.

Palais Royal: l'intérieur de la Chapelle de la Toussaint, d'après un projet de Peter Parler (XIVème siècle).

Une vue ensoleillée de la belle façade de la Basilique Saint-Georges.

BASILIQUE SAINT-GEORGES
Bazilika svatého Jiří

Cet édifice roman à la **façade** baroque datant du XVIIème siècle, donne sur la place *Jiřské náměstí*, face à l'abside de la Cathédrale. Cette Basilique est l'un des meilleurs exemples d'architecture romane en Bohême. Dominée par deux tours identiques, elle a été fondée par le Prince Vratislas entre l'an 915 et l'an 921 et elle a été reconstruite plusieurs fois, suite à de nombreuses destructions.
La *Chapelle Saint-Jean-Népomucène* est un ajout datant du XVIIIème siècle. On peut y voir la *Statue* du Saint patron ainsi que les fresques sur le plafond (*Apothéose de Saint-Jean-Népomucène*). La nef principale se distingue par ses éléments architecturaux réalisés entre les Xème et XIIème siècles. Sur le plafond du Choeur, on peut voir des traces de fresques datant du XIIIème siècle (*Jerusalem céleste*). Les voûtes absidiales sont décorées de fresques représentant le *Couronnement de la Sainte Vierge,* du XVIème siècle. Dans la *Crypte* (moitié du XIIème siècle) se trouve une *Statue de Brigide* (B. Spinetti). Dans la *chapelle de Sainte Ludmille* (patronne de Bohême), du XIIIe siècle, se trouve le *tombeau* de cette sainte patronne de Bohême, probablement en partie réalisé par l'atelier de P. Parler (XIVe siècle). Les fresques de J.V. Hellich (XIXème siècle) représentent des *scènes de la vie cette sainte*; on peut admirer d'autres peintures religieuses datant de la fin du XVIème siècle.

Un gros plan de la façade de la Basilique Saint-Georges, encadrée par deux tours identiques, ainsi qu'un détail du tympan.

L'intérieur suggestif de la Basilique Saint-Georges.

MONASTERE SAINT-GEORGES

Collection d'art ancien de Bohême de la Galerie Nationale (*Sbírka starého českého umění Národní galerie*). Les collections importantes sont exposées dans le **Monastère Saint-Georges**. Cet édifice bénédictin qui date de l'an 973 a été plusieurs fois détruit, reconstruit et transformé. Il constitue le premier édifice fondé par cet ordre religieux, en Bohême. Sa transformation baroque date de la seconde moitié du XVIIème siècle. Le monastère a été privé de ses fonctions pendant la seconde moitié du XVIIIème siècle. Entre 1962 et 1974, il a été restauré dans le but d'accueillir des collections d'art. Par ordre chronologique, ces collections regroupent des oeuvres gothiques provenant des églises de Bohême et dédiée à la Vierge Marie pour la plupart; le couloir nord (souterrain) abrite des sculptures gothiques (*Madones*) ainsi que le magnifique tympan de l'Eglise Notre-

Ces vues représentent l'intérieur magnifique de la Basilique Saint-Georges et plus précisément une chapelle, la coupole avec ses somptueuses peintures ainsi que le bel escalier.

La coupole de la Basilique Saint-Georges, avec ses magnifiques peintures.

Dame-des-Neiges; le *Cycle du Maître de Vyšší Brod* (XIVème siècle) représente des épisodes de l'histoire du Christ; la *Statue de Saint-Georges à cheval*, autrefois dans la troisième cour du Château, a été réalisée au XIVème siècle par Martin et Georg von Klausenburg. Dans la *Salle du Maître Theodorick* se trouvent des tableaux commandés par Charles IV et réalisés par ce grand représentant du "beau style" de la peinture gothique de Bohême (XIVème siècle). Au rez-de chaussée, une salle abrite le *Cycle du Maître de Třeboň* avec des morceaux de retables d'autels représentant l'histoire du Christ, des images de saints et apôtres. Une salle accueille le tympan du portail nord de l'Eglise Notre-Dame-de-Týn, réalisé par des élèves de Parler (XVème siècle). Dans le couloir nord, on peut voir de nombreuses peintures et sculptures dédiées à la Sainte Vierge (XIVème et XVème siècles), ainsi qu'une *Crucifixion* du XVème siècle réalisée par le Maître de Raigern. Le style Renaissance est représenté par *La Douleur du Christ*, tableau réalisé par Žebrák; par la *Visitation de la Sainte Vierge*, oeuvre du Maître de l'autel de Litoměřice; par le reliquaire en bois, oeuvre du Maître IP qui était l'élève de A. Dürer. Au premier étage sont exposées les oeuvres de Maniéristes qui travaillaient à la Cour de Bohême (H. von Aachen, B. Spranger, J.H. Roelandt Savery, A. de Vries); les peintures et les sculptures baroques (J.P. Brandl, V.V. Reiner, J. Kupecký, M.L. Willmann, I.F. Platzer, F.M. Brokoff, M.B. Braun); les peintures rococo (A. Kern, N. Grund).

RUELLE DOREE
Zlatá ulička

Passage obligatoire pour qui visite le château, cette petite rue pittoresque connue également sous le nom de *Ruelle des Alchimistes*, est un témoignage de la "Ville Magique". Dans les officines de la **Tour Mihulka**, les alchimistes de Rodolphe II auraient poursuivi les mythes de la pierre philosophale et de la production de l'or. Il s'agit là d'une des légendes les plus suggestives créées autour de cette "Ville dorée". En réalité, il parait que les petites maisons qui bordent cette ruelle auraient été construites vers la fin du XVIème siècle pour loger les gardes de Rodolphe II, et que c'est dans un second temps que les jouailliers s'y seraient installés. Aujourd'hui, de nombreux magasins de souvenirs attirent l'attention des touristes: dans les petites maisons autrefois habitées par des artisans et par des personnes de condition modeste, se trouvent aujourd'hui de charmantes boutiques. On peut y acheter des souvenirs, des objets de production artisanale et artistique. Au numéro 22 de cette ruelle, Kafka écrivit quelques récits, entre 1916 et 1917. Jaroslav Seifert, poète qui a reçu le prix Nobel en 1984, a lui aussi habité pendant une certaine période cet angle de la capitale tchèque.

La Tour Noire vue de la rue Jiřská.

Des vues de la Ruelle dorée et des petites maisons typiques qui la bordent.

№ 19

№ 19

PALAIS LOBKOWITZ

Pas très loin d'ici, dans l'aile sud du Château, se trouve le Palais Lobkowitz. Dans les salles du palais se trouve une **exposition retraçant l'histoire de la Bohême**, avec des documents qui vont de la période romaine à la moitié du XIXème siècle.

Cette salle du Palais Lobkowitz nous montre le raffinement des intérieurs souvent utilisés pour des représentations et des concerts.

Détail d'une peinture sur un des plafonds du Palais Lobkowitz.

Jardins Sud: à proximité du Pavillon de la Musique se trouvent quatre statues représentant des divinités de la mythologie.

Une belle vue sur les le "Belvédère royal dans le jardin royal" avec le palais et ses arcades ainsi que la Fontaine chantante.

Un gros plan de la Fontaine chantante dans le "Belvédère royal dans le jardin royal"; pour apprécier le son particulier à l'origine de son nom il est nécessaire de s'approcher de cette fontaine en bronze.

JARDINS SUD
Jižní zahrady

Ce vaste jardin s'étend au sud des courtines sud du Château de Prague. Il est le résultat de l'union à différentes époques de plusieurs jardins déjà existants. Dans la végétation qui domine la vue imprenable sur le quartier de Malá Strana, on peut admirer la partie plus ancienne de ces jardins, connue sous le nom de **Jardin du Paradis** (*Rajská zahrada*). Ce dernier a été réalisé au cours de le seconde moitié du XVIème siècle. Il abrite le **Pavillon Mathias** datant de la première moitié du XVIIème siècle dont les plafonds en bois sculptés représentent les armoireries des pays qui constituaient l'Empire des Habsbourg.
Du Jardin du Paradis on passe au **Jardin sur les Remparts**, où deux obélisques érigés à la mémoire des gouverneurs impériaux, victimes de la seconde "défenestration de Prague" (1618), indiquent l'endroit de leur chute.
Dans la partie inférieure des Jardins Sud se trouve le **Pavillon de la Musique**, réalisation baroque de G. B. Aliprandi, non loin duquel sont disposées quatre statues représentant des *Divinités classiques*.

JARDIN ROYAL
Královská zahrada

Au XVIe siècle, le long du périmètre nord du Château, furent construits le Jardin royal et le **Belvédère**; ce dernier, voulu par Ferdinand Ier pour son épouse Anne, fut conçu par P. della Stella avec des motifs Renaissance. Les ornements de la frise du portique du rez-de-chaussée sont inspirés par des thèmes de la mythologie grecque. On reconnaît en outre un *Portrait de Ferdinand Ier*. La salle intérieure fut ornée de fresques par C. Ruben au XIXe siècle. Non loin de là se trouve la *Fontaine chantante* (1568), une réalisation de bronze de T. Jaroš. Son nom curieux est dû au bruit que fait l'eau en tombant dans le bassin. On admirera enfin la **Míčovna**, un édifice Renaissance richement décoré, réalisé par B. Wohlmut dans les années 1567-69.

Sculptures devant le Pavillon du Jeu de Paume; Prague vue du Belvédère, gravure du XIXème siècle.

Point de vue sur la Tour Mihulka et la Cathédrale.

Très beau point de vue sur les toits du quartier de Malá Strana et sur le Pont Charles.

L'escalier pittoresque reliant Hradčany au quartier de Malá Strana.

MALÁ STRANA

Ce quartier est né à partir de 1257, sur la rive gauche de la Vltava, entre les collines de Hradčany et Petřin. Son fondateur, le Roi Otakar II Přemysl voulut y installer les colons allemands.
A l'époque de Charles IV, on assista à une importante expansion du tissu urbain: les vieilles églises furent restaurées ou achevées et on érigea un peu partout des forteresses et des édifices de défense.
Aux XVème et XVIème siècles, le quartier fut tourmenté par les incendies; par conséquent, les travaux de construction et d'agrandissement s'intensifièrent, et firent de Malá Strana un quartier résidentiel, convoité. Nobles et bourgeois y élirent domicile et y firent construire de fastueux palais et de magnifiques lieux de culte.
Le fait que le cortège participant à la cérémonie du couronnement des souverains de Bohême défilait le long de ses rues, n'a que renforcé le charme de Malá Strana.

MALOSTRANSKÉ NÁMĚSTÍ

L'ancien coeur du quartier de Malá Strana s'articule sur deux places, sur lesquelles donnent des édifices d'une grande importance architecturale. Sur la place "supérieure" on admire la Colonne de la Peste qui date du XVIIIème siècle, avec ses sculptures reproduisant la *Sainte Trinité* et les *Saints patrons de Bohême*, réalisées par F. Geiger et J.O. Mayer. Sur ce même emplacement se trouvait jadis une fontaine, comme du reste pour la place "inférieure", où la fontaine fut remplacée par un Monument dédié à *Radetzky* (conservé aujourd'hui dans le Lapidaire du Musée National). Parmi les édifices les plus remarquables, nous distinguons le **Palais Kaiserštejn**, érigé au cours de la première moitié du XVIIème siècle, en unissant des demeures gothiques qui éxistaient déjà; la **Maison "à la table en pierre"** avec ses aspects rococo reconnaissables; le **Palais Liechtenstein** qui a pour origine la fin du XVIème siècle et la **Mairie de Malá Strana** (style Renaissance tardif, XVIIème siècle).

Le long de la Mîšeňská.

PALAIS VRTBA (*Vrtbovský palác*)

Cet édifice est conforme aux canons de l'architecture style Renaissance tardif, dans la première moitié du XVIIème siècle. Le Jardin, portant le même nom, constitue un exemple remarquable de jardin baroque, considéré l'un des plus importants en Europe centrale. Il a été réalisé au cours de la première moitié du XVIIIème siècle, sur un projet de F.M. Kaňka. Nous remarquerons les statues de *Cérès et Bacchus* datant de la même époque, réalisées par M. Braun, l'escalier en fer à cheval avec ses décorations baroques et ses sculptures s'inspirant de la mythologie grecque. La terrasse supérieure offre un magnifique point de vue.

PALAIS NOSTITZ (*Nostický palác*)

Cet édifice, qui est le siège de l'Ambassade de Hollande, donne sur *Maltézské náměstí*. Sa construction, de style baroque, a eu lieu dans la seconde moitié du XVIIème siècle. J.H. von Nostitz commanda le projet à F. Caratti. Au XVIIIème siècle, les lucarnes des vérandas, les *statues des Empereurs* réalisées par les élèves de Brokoff (aujourd'hui elles ont été remplacées par des copies), le portail style rococo placé entre les colonnes jumelées et réalisé par A. Haffenecker ont été ajoutés. Nous ne manquerons pas d'admirer les salles à l'intérieur du palais avec leurs fresques représentant des thèmes de la mythologie et destinées à accueillir la **Bibliothèque Dobrovsky**, ainsi que le magnifique couloir.

PALAIS DU GRAND MAITRE DE L'ORDRE DE MALTE (*Palác maltézského velkopřevora*)

Cette construction, à l'origine de style Renaissance, a été transformée au cours de la première moitié du XVIIIème siècle par Bartolomeo Scotti qui a ajouté les chambranles décoratifs, les balcons ainsi que le portail de l'Ordre. Dans ce palais, se trouve aujourd'hui une interessante collection d'instruments de musique, qui font partie de la **Section Musicale du Musée National**. Nous remarquerons l'ameublement précieux des salles baroques, les mosaiques des sols, les poêles baroques en céramique, les panneaux de bois.

PALAIS BUQUOY (*Buquoyský palác*)

Cet edifice qui abrite actuellement l'Ambassade de France, a été conçu par G. Santini et par F.M. Kaňka, au cours de la première moitié du XVIIIème siècle, pour le compte de Marie-Joséphine von Thun. Successivement, il a été agrandi et on y a ajouté des sculptures de M.B. Braun. Avec l'arrivée des Buquoy, ses nouveaux propriétaires, le palais a été meublé en style baroque. Pendant la seconde moitié du XIXème siècle, J. Schulz a ajouté l'escalier et l'aile arrière, en leur donnant les caractéristiques du style néo-Renaissance. Dans une des salles, nous pouvons voir des précieuses tapisseries (XVIème et XVIIIème siècles). Au début du XXème siècle, tout l'ensemble a été restauré. Le parc du palais descend jusqu'à l'île Kampa..

NERUDOVA ULICE

Cette rue, qui provient de *Malostranské náměstí* et grimpe rapidement au Château, est l'un des angles les plus caractéristiques et suggestifs du quartier de Malá Strana. La rue est bordée par de belles demeures bourgeoises, qui font partie des plus beaux exemples du baroque tardif à Prague. Des blasons et des enseignes typiques ainsi que des portails pittoresques, attirent l'attention du visiteur: au numéro 12 de cette rue habitent les luthiers Edlinger; leur enseigne est représentée encore aujourd'hui par trois violons qui s'entrecroisent. Au numéro 14, la **Maison Valkoun** a été transformée dans le style baroque tardif, par G. Santini. Nous remarquerons d'autres enseignes typiques, comme **A la Coupe d'Or** (n° 16, Renaissance); **Saint-Jean-Népomucène** (n° 18, baroque); quant'au **Monastère Théatin** (n° 24), il a été le lieu de représentation des "commédies de Saint-Gaétan" en langue tchèque; l'édifice adjacent, "**l'Ane dans le berceau**" a inspiré Neruda pour l'un de ses récits; au numéro 32 se trouve la vieille pharmacie du quartier; elle a été restaurée en 1980 et accueille aujourd'hui le **Musée de la pharmacie dans les Pays de la Couronne de Bohême**; au n° 33 se trouve le **Palais Bretfeld**, dit aussi *Eté et Hiver*; Casanova et Mozart y demeurèrent. Sur le portail de la **Maison au fer à cheval en or** (n° 34) est représentée l'éffigie de *Saint Venceslas*; au n° 49, un cygne blanc est l'enseigne d'une résidence bourgeoise baroque. Aux alentours, un escalier conduit au château.

Détails et blasons des maisons qui bordent la rue Nerudova.

La splendide façade baroque de l'Eglise Saint-Nicolas à Malá Strana avec son architecture curviligne.

L'élégant clocher et la coupole de l'Eglise Saint-Nicolas à Malá Strana font partie des éléments les plus caractéristiques du paysage urbain de Prague.

EGLISE SAINT-NICOLAS A MALÁ STRANA
Chrám svatého Mikuláše

Splendide exemple de l'architecture baroque de Bohême.Cette église appartenait jadis aux Jésuites. Ils firent d'elle, la pointe de diamant de la Contre-Réforme en Bohême. Elle a été érigée sur les lieux d'une église gothique. Ses travaux de construction ont commencé au début du XVIIIème siècle et se sont poursuivis jusqu'en 1756, moment où A. Lurago acheva le Clocher (79 mètres).
Sa magnifique **façade** baroque, à deux ordres, est enrichie par les armoiries du Conte de Kolovrat et par les *statues des Pères de l'Eglise*, oeuvres réalisées par les élèves de J.B. Kohl. Le Choeur et la haute coupole (75 mètres) ont été réalisés par K.I. Dientzenhofer. L'**intérieur** brille par la beauté des décorations baroques. La voûte de la nef principale possède de magnifiques fresques (XVIIIème siècle) réalisées par J. L. Kracker et représentant des *Scènes de la vie de Saint Nicolas*. Elles sont reconnues comme étant les plus grandes dans ce genre en Europe. Dans la coupole, ressort la magnifique fresque datant également du XVIIIème siècle, (*Apothéose de Saint Nicolas* et *Jugement Dernier*) de F.X. Palko. Les fresques du Choeur ont également été réalisées par cet artiste, en collaboration avec J. Hager. I. Platzer le Vieux. Il est également l'auteur des sculptures qui se trouvent dans la nef principale, dans le Choeur et sur la maître-autel (*Saint Nicolas*). Nous observerons également la Chaire du XVIIIème siècle des frères Prachner, les grandioses orgues contemporaines de T. Schwarz ainsi que les peintures des chapelles latérales (oeuvres de J.L. Kracker, I. Raab, F.X. Palko, F. Solimena).
A côté de l'église, se trouve le **Cloître** d'un couvent minorite des XIIIème et XIVème siècles.

L'intérieur de l'Eglise Saint-Thomas se distingue pour sa décoration baroque recherchée.

Eglise Saint-Thomas: les peintures du plafond représentent des "épisodes de la vie de Saint-Augustin".

EGLISE DE SAINT THOMAS
(*Kostel svatého Tomáše*)

L'édifice augustinien conserve des traces évidentes de son précédent style gothique, malgré sa restauration baroque effectuée dans la première moitié du XVIIIème siècle par K.I. Dientzenhofer. L'église a été fondée en 1285 par Venceslas II, comme lieu de culte des Augustiniens, et terminée un siècle plus tard. Sa **façade** est ornée d' un portail Renaissance, réalisé par Campione dei Bossi (XVIIème siècle), ainsi que par les statues *de Saint Augustin* et de *Saint Thomas* réalisées à la fin du XVIIème siècle par H. Kohl. L'**intérieur** se distingue par la splendeur de ses décorations: nombreuses peintures et sculptures d' artistes de Bohême. Les fresques du plafond (*épisodes de la vie de Saint Augustin*) ont été peintes par V.V. Reiner (XVIIIème siècle). Les peintures de la coupole et du choeur (*La légende de Saint Thomas*) sont attribuées à ce même artiste. Le maître-autel, du XVIIIème siècle, est une oeuvre de K. Kovář et est orné de sculptures de *Saints* (I. Müller, J.A. Quittainer, F.M. Brokoff). Des oeuvres de Škréta datant du XVIIème siècle, décorent l'autel du transept (*Saint Thomas*) et celui du choeur (*L'Assomption*). Dans cette église reposent O. Aostalli, architecte à la Cour de Rodolphe, ainsi que le sculpteur A. de Vries.

EGLISE NOTRE-DAME-DE-LA-VICTOIRE
(Kostel Panny Marie Vitězné)

Son nom rappelle la bataille de la Montagne Blanche, qui marqua la victoire des catholiques sur les protestants (8/11/1620). Cette église, achevée dans la première moitié du XVIIème siècle par l'architecte italien G.M. Filippi, est la première église baroque de Prague; elle donne sur l'*Avenue Karmelitská* elle abrite la célèbre *Statue de l'Enfant Jesus de Prague* ('Jezulatko'). Il s'agit d'une petite statue de cire (50 cm) accrochée au mur, côté droit de l'église. Cette statue provient d'Espagne et a été offerte par la Princesse Pollyxena Lobkowitz en 1628. Sur l'autel (XVIIIème siècle) se trouvent des statues de P. Prachner et un écrin de l'Enfant Jesus en argent datant de la même époque. Le maître-autel du XVIIIème siècle, a été réalisé par des élèves de J.F. Schor. Sous l'église se trouvent **les catacombes** (interdites à la visite) qui abritent les dépouilles des carmes et de leurs bienfaiteurs.

Eglise Notre-Dame-de-la-Victoire: gros plan du "Jezulátko", le célèbre "Enfant Jésus de Prague", objet d'une grande vénération de la part de milliers de pèlerins.

Un beau point de vue sur la Čertovka, un bras de la Vltava qui mène à l'île Kampa; à droite on aperçoit la roue d'un vieux moulin.

KAMPA

Cette île, immense espace vert, s'étend entre le pont Most Legií et le pont Mánesův most. La Čertovka, un bras de la Vltava qui se dirige vers la gauche par rapport au cours principal du fleuve, sépare l'Ile Kampa du quartier pittoresque de Malá Strana. Au Moyenâge, les eaux du bras de la Vltava alimentaient de nombreux moulins à eau. A l'ouest, le pont Karlův most s'appuie sur l'île; de ce pont, en regardant vers le sud, le long de la Čertovka, nous pouvons apercevoir la roue d'un ancien moulin. Au nord, le petit cours d'eau traverse la suggestive "Venise de Prague". Cette dernière est typique grâce à ses canaux et à ses maisons pittoresques.

PALAIS WALLENSTEIN
(*Valdštejnský palác*)

Cette luxueuse résidence, à mi-chemin entre le palais et la forteresse à été construite dans la première moitié du XVIIème siècle, pour le condottiere de Bohême, Albrecht Wenzel Eusebius von Wallenstein. Les projets, dirigés par A. Spezza et G. Pironi, ont été mis en oeuvre par G.B. Marini. Cet édifice constitue un bel exemple de demeure commandée par un commettant laïc en totale opposition avec la royauté. Wallenstein voulait que ce palais grandiose témoigne de ses exploits et de sa grandeur. Cette autocélébration apparait évidente dans les peintures qui le représentent. La *Salle des Chevaliers* est décorée d'une fresque sur son plafond datant du XVIIème siècle (*Wallenstein en Mars sur le char de la victoire*). Les autres salles sont toutes décorées; parmi les peintures murales, nous remarquerons le *Portrait de Wallenstein à cheval*. Dans la chapelle du palais se trouve un autel que l'on qualifie comme étant le plus ancien de la ville. Ce palais est le siège du Ministère de la Culture et accueille le **Musée J. Á. Komenský** qui regroupe des documents se rapportant à cet humaniste qui a vécu à cheval entre le XVIème siècle et le XVIIème siècle.

Le Palais Wallenstein digne d'un conte de fée projette son image dans un des bassins de son magnifique jardin dominé par la silhouette imposante du Château.

Une autre belle photographie du Jardin Wallenstein, face à la Loggia à arcades.

Palais Wallenstein: un gros plan de la loggia à arcades avec ses magnifiques décorations.

Palais Wallenstein: détail de la Salle des Chevaliers.

Palais Wallenstein: sur le plafond de la Salle des Chevaliers, une fresque représente "Wallenstein en Mars sur le char de la victoire".

Le Jardin Wallenstein (*Valdštejnská zahrada*) qui fait partie de l'ensemble, a été réalisé dans le style des jardins baroques italiens. On y trouve des copies de sculptures réalisées par A. de Vries. *La salle au rez-de-chaussée* avec ses fresques de B. del Bianco, abrite souvent des représentations théatrales et des concerts.

Aux pages suivantes: une magnifique vue de la Vltava avec le Pont Charles, le Musée Smetana et la Tour de l'Aqueduc de Staré Město.

PONT CHARLES

De la Tour de Staré Město, une vue splendide sur le Pont Charles; à l'arrière-plan, le quartier de Malá Strana et le Château.

Le Pont Charles vu de l'île Kampa, à l'arrière-plan la Tour de Staré Město ainsi que la coupole de l'Eglise Saint-François Séraphique aux Chevaliers de la Croix.

PONT CHARLES-KARLŮV MOST

Le "Pont Charles" est le symbole de Prague par excellence qui unit les quartiers historiques de Staré Město et Malá Strana. Sa construction a été entreprise sous le règne de Charles IV (seconde moitié du XIVème siècle) par P. Parler et J. Ottl. Les travaux se sont achevés au début du XVème siècle, sous le règne de Venceslas IV. L'usure des siècles et les crues de la Vltava ont mis Karlův most à dure épreuve. Deux de ses arcades ont été reconstruites en 1890. Ce pont piétonnier offrant une vue superbe, fait 516 mètres de longueur, 10 mètres de largeur et repose sur 16 piliers. Deux grandes tours surplombent chacune de ses extrémités; jadis, tout l'ensemble faisait partie des édifices de défense de Prague. Les aspects gothiques du Pont Charles sont adoucis et ennoblis par ce que nous pouvons définir comme véritable galerie de sculptures à ciel ouvert : entre statues et sculptures, ce sont au moins 30 oeuvres qui exaltent l'atmosphère magique de Prague et ses vues splendides. A partir de 1657, au moment où l'on restaura un *Crucifix* en bronze qui s'y trouvait depuis le XIVème siècle, on commença à placer des statues et des bas-reliefs sur les parapets du pont : 26 entre 1706 et 1714. Parmi les artistes qui se sont distingués, nous citerons J. Brokoff avec ses fils, M.B. Braun, Josef et Emanuel Max. Les sculptures représentant *Saint Cyrille et Saint Méthode* ont été réalisées en 1928 par K. Dvořák. La majeure partie des statues qui se trouvent aujourd'hui sur ce pont, sont des copies; les originaux en grès, sujets aux dégradations dues à la pollution atmosphérique, sont regroupés au Lapidaire du Musée National. La statue de *Saint Lutgarda* est la plus précieuse de toute; celle qui représente *Saint Philippe Benizzi* est la seule statue en marbre; celle qui représente *Saint Jean Népomucène* et qui se trouve au centre du pont, est la seule statue en bronze. Il s'agit d'une oeuvre du XVIIème siècle, réalisée suivant des modèles de M. Rauchmüller et de J. Brokoff. Un basrelief se trouvant entre le sixième et le septième pilier, indique l'endroit où le Saint fut englouti par les

MARGARITA

eaux du fleuve. Une épigraphe juive, proche du *Calvaire* rappelle l'acte blasphémateur d'un juif (1696). Un cartouche, placé au pied de la statue de *Saint François Séraphique* (XIXème siècle) porte les inscriptions du psaume 90/11: "Son ange a été prié de te protéger sur les sentiers de ta vie". A proximité du pont (Ile Kampa) se trouve la *colonne de Roland*, copie du XIXème siècle d'un original datant du XVIème siècle. Ce pont est l'un des endroits principaux de la Prague touristique: une foule de visiteurs le traverse tout au long de l'année, pendant que des artistes et des artisans y vendent les fruits de leur travail, dans une atmosphère de *Rive Gauche* parisienne. Les **Tours de Malá Strana** délimitent le pont en direction du quartier qui porte le même nom. La tour la plus basse, datant de la fin du XIIème siècle, faisait partie de l'ancien Pont Judith. Vers la fin du XVIème siècle, elle a subi des travaux de restauration au niveau de son architecture et de sa décoration. La tour la plus haute, construite au cours de la seconde moitié du XVème siècle, a été commandée par Jiří de Poděbrad pour remplacer une ancienne tour romane.

Aux pages précédentes: quelques statues et ensembles de sculptures qui décorent les parapets du Pont Charles, faisant de ce dernier un véritable musée à ciel ouvert. On peut reconnaître: "Saint Jean-Népomucène", "Saint Jean-Baptiste", l'ensemble des sculptures de "Sainte Barbe, Sainte Marguerite et Sainte Elisabeth", "Sainte Luitgarde" touchant les blessures du Christ, Saint François-Xavier, l'ensemble du "Calvaire" (XVIIème siècle), la "Colonne de Roland".

Vue du Pont Charles en direction des tours de Malá Strana.

Détail du plafond en bois de la Tour de Staré Město.

Détail des sculptures qui embellissent l'extérieur de la Tour de Staré Město.

L'imposante Tour de Staré Město permet l'accès au Pont Charles de la rive droite de la Vltava.

TOUR DE STARÉ MĚSTO

La Tour de Staré Mešto surveille l'accès au pont de la rive droite de la Vltava, vers le quartier qui porte le même nom. Sa construction a débuté à la fin du XIVème siècle et a été achevée sous le règne de Venceslas IV, sous la direction de P. Parler. La beauté de cette tour gothique est due à la profusion de sculptures et de statues qui la décorent. Ces oeuvres sont reconnues comme étant les plus significatives de la sculpture gothique du XIVème siècle en Bohême (blasons, armoiries, images de saints, de souverains et de saints patrons de Bohême). Les peintures gothiques ont été restaurées au XIXème siècle, en même temps que l'ensemble de la tour qui a gardé le même aspect.

De magnifiques magasins avec leurs belles enseignes bordent la rue Karlova, une des principales rue de la ville pour effectuer des achats.

Palais Clam-Gallas: gros plan des "Géants" situés des deux côtés du portail. Façade de la Maison Rott.

L'exemple d'un édifice d'une grande richesse architecturale.

L'intérieur baroque de l'Eglise Saint-Gilles (Kostel svatého Jiljí).

LA VIEILLE VILLE - STARÉ MĚSTO

KŘIŽOVNICKÉ NÁMĚSTÍ

Cette place s'ouvre à l'extrémité Est du Pont Charles; elle a été réalisée au XVIème siècle et était le lieu de passage des cortèges lors des cérémonies de couronnement des souverains de Bohême. Elle se caractérise par la Statue en fer de *Charles IV*, réalisée pendant la première moitié du XIXème siècle. L'**Eglise Saint-Sauveur**, qui jadis faisait partie du *Clementinum* (qui la jouxte), est le temple des Jésuites. Elle a été érigée entre le XVIème siècle et le XVIIème siècle, dans le style Renaissance. L'avant-corps du portail est un ajout du XVIIème siècle de C. Lurago et de F. Carati; J.J. Bendl est l'auteur des sculptures et des vases qui décorent cet édifice. L'église a été achevée au XVIIIème siècle, avec la construction des tours. A l'**intérieur**, sur le plafond, nous remarquons une fresque du XVIIIème siècle (*les quatres extrémités du Monde* par K. Kovář). Le monument consacré à *Charles IV* (1848) se trouve entre la Tour de Staré Město et l'**Eglise Saint François Séraphique aux Chevaliers de la Croix**. Le projet de cette église baroque a été conçu par J.B. Mathey; sa construction a été achevée pendant la seconde moitié du XVIIème siècle. Cette église, érigée sur un précédent lieu de culte gothique, se caractérise par son élégante coupole et par sa **façade**, qui s'inspire au préclassique français. M.W. Jäckel est l'auteur des statues placées à l'entrée (*La Vierge Marie* et *Saint Jean Népomucène*). D'autres sculptures sur la façade, représentent des *Anges* et *des Saints Patrons de Bohême*. L'**intérieur** ressort grâce à ses riches décorations; la coupole est recouverte d'une fresque représentant le *Jugement Dernier*, oeuvre de V.V. Reiner (XVIIIème siècle). A proximité, sur la *Colonne des Viticulteurs* se trouve une statue de *Saint Venceslas* (XVIIème siècle). Au bas de la *Mariánské náměstí*, se trouve le **Palais Clam-Gallas**, superbe exemple d'art baroque, conçu par le viennois J.B. Fischer von Erlach. L'édifice est aujourd'hui le siège des Archives de Prague. Parmi les artistes qui ont contribué à l'enrichir de sculptures et peintures, nous citerons M. Braun et C. Carlone. A proximité du mur de la cour, se trouve la *Fontaine de la Vltava* (V. Prachner, XIXème siècle). En haut de la place se trouve la Bibliothèque Municipale, inaugurée en 1928. Elle regroupe plus de 750.000 volumes. Nous remarquerons les statues allégoriques de L. Kofránek situées sur le balcon.

V.J.ROTT

MUSEE SMETANA

Les quais *Smetanovo nábřeži* sont dédiés au compositeur B. Smetana (XIXème siècle); ils conduisent, du théâtre National à une presqu'île donnant sur le Pont Charles. En plus du *Monument François Ier* et de la **Tour de l'aqueduc de Staré Město**, qui date du XVème siècle, se trouve l'ancienne Centrale Hydraulique (XIXème siècle), intéressante pour son architecture et pour ses décorations. Elle abrite le Musée Smetana qui regroupe des documents et des souvenirs du musicien. Sur la jetée donnant sur le Musée, se trouve le *Monument Smetana*, réalisé en 1984 par J. Malejovský.

L'Ancienne Centrale Hydraulique et la Tour de l'Aqueduc de Staré Město; la Centrale abrite le Musée Smetana.

Smetanovo nábřeži: Monument à la mémoire de Smetana, à l'arrière-plan le Pont Charles et le Château.

Musée Smetana: le musicien à son piano (tableau d'époque).

Musée Smetana: portrait du musicien réalisé par Geskel.

Musée Smetana: costume de l'opéra "Le mur du diable".

Musée Smetana: costume de Přemysl, de l'opéra "Libuše"(1915).

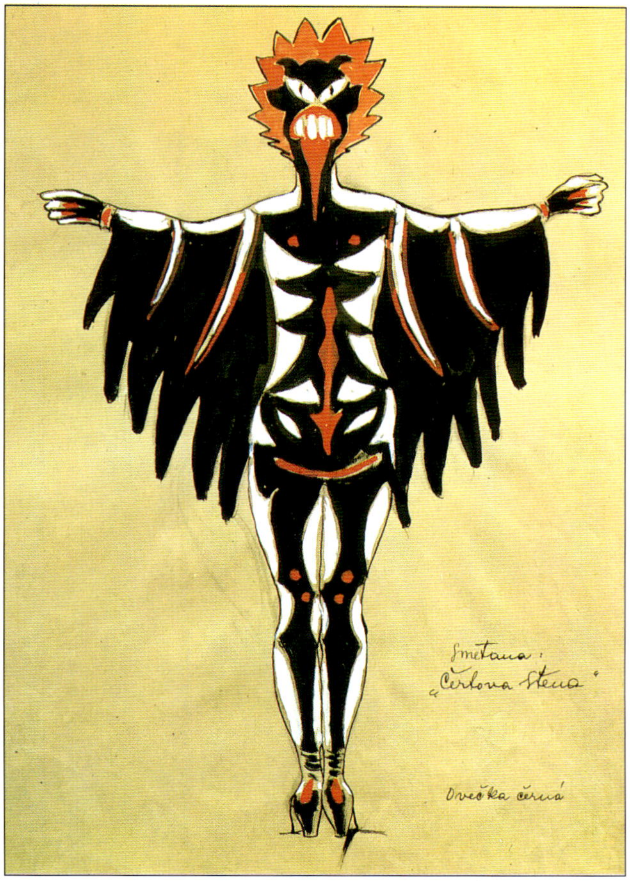
Smetana:
„Čertova Stena"
Ovečka černá

Smetana:
„Libuše"
Přemysl

CLEMENTINUM (*Klementinum*)

Jadis collège de jesuites, on le considère comme étant l'ensemble architectural le plus imposant de la capitale, après le Château. Dans la seconde moitié du XVIème siècle, pour construire cet édifice, un quartier entier a été rasé; jardins, résidences bourgeoises, églises ont été détruits. Tout ceci pour seconder l'apostolat des jésuites et pour étendre et consolider le catholicisme à Prague. Les architectes de cet edifices sont F. Caratti et F.M. Kaňka. La **façade** principale, du XVIIème siècle, est recouverte de stucs et de bustes d'*Empereurs Romains.* A l'**intérieur** se trouve la **Bibliothèque Nationale** (plus de cinq millions de volumes, 6000 manuscrits, parmi lesquels le précieux *Code de Vyšehrad,* 4000 incunables). Le plafond de la *Salle de la Bibliothèque des Jésuites* est décoré de fresques (*Scènes Bibliques, Muses*); la *Salle Mozart* et l'ex *Chapelle aux Miroirs* ont des peintures remarquables; dans la *Salle de Mathématique* nous pouvons voir une collection de montres anciennes et de mappemondes anciens. A ne pas manquer (couloir sud-ouest, qui n'est pas toujours ouvert au public) la *Statue de l'étudiant pragois,* à la mémoire des défenseurs du Pont Charles, à la fin de la Guerre de Trente-Ans.

Bibliothèque d'Etat: Pietro da Crescentino offrant son traité sur l'agriculture à l'Empereur Charles IV.

Bibliothèque d'Etat: le boulanger (d'une chronique d'Ulrich de Richental).

Bibliothèque d'Etat: une page d'un traité de Médecine de M. Albik.

Une vue suggestive de la Tour de l'Hôtel de Ville de Staré Město en direction de la place Staroměstské náměstí et de la ville dominée par les deux clochers de l'Eglise Notre-Dame-de-Týn.

PLACE DE LA VIEILLE VILLE
Staroměstské náměstí

Cette vaste place est le coeur du vieux Prague. Son importance historique, sur la rive droite de la Vltava, est comparable à celle du château sur la rive opposée du fleuve qui arrose Prague. *Staromeštské náměstí* n'est pas uniquement un admirable creuset d'éléments architecturaux et de monuments, c'est également l'essence intime de la ville. Elle fut le théâtre des faits historiques heureux et tragiques qui ponctuérent l'histoire millénaire de Prague: en 1422, le prédicateur J. Želivský y fut éxécuté (plaque commémorative), en 1621, les chefs de la révolte protestante y furent exécutés (plaque commémorative); en 1915, le Monument en bronze dédié à *Jan Hus* y fut inauguré à l'occasion du 5ème centenaire de sa mort (oeuvre de L. Šaloun; une inscription indique *La vérité l'emportera*); en 1945, les habitants de Prague y accueillirent avec joie l'armée soviétique au terme de la seconde guerre mondiale; en 1968, la foule lança des cocktails molotov contre les chars soviétiques qui brisèrent le rêve du "Printemps de Prague". Le Monument dédiée à Hus est couvert d'un voile de deuil. En 1988, les habitants de Prague y réclamèrent liberté, droits civils et éloignement des "frères" du Pacte de Varsovie.

En 1990, la place fut le théâtre de la "Révolution de velours" qui marqua le retour à la démocratie. Un magnifique éclairage nocturne, rend la place très suggestive: les lumières donnent une dimension surréelle, fantastique aux nobles architectures et aux incroyables flèches de l'église Notre-Dame-de-Týn. Tout autour, sur la place et le long de la *rue Karlova*, des musiciens et des artistes de rue animent les soirées de la capitale tchèque, qui encore une fois offre d'elle, une image typiquement parisienne.

KNIHKUPECTVÍ. A. STOR
A·STORCH·SYN
SKLO
PORCELÁN
SKLO
PORCELÁN

MANN - R. KRIEGHAMMER
KNIHKUPECTVÍ. A. STO

D'autres édifices sur la place de Staré Město.

Détails de la Maison Storch: l'entrée et ses décorations ainsi que le bow-window flanqué d'une fresque représentant "Saint-Venceslas à cheval".

Gros plan de la Maison "U minuty", richement décorée de sgraffites.

L'épigraphe "Praga caput regni" inscrit sur la splendide fenêtre de la Maison Křiž (Hôtel de Ville de Staré Město).

MAISON " A LA LICORNE EN OR"

Cet édifice (n° 20) a déjà été agrandi au XIVème siècle; vers la fin du siècle suivant, il a été transformé suivant les canons du gothique tardif. Sa **façade** possède des aspects style baroque tardif et on estime qu'elle remonte au XVIIIème siècle. Une plaque rappelle le célèbre compositeur B. Smetana qui avait installé sa première école de musique dans cette maison.

MAISON STORCH

Ce magnifique petit palais, situé au bas de la place (n° 16), à proximité de la rue *Celetná ulice*, se distingue grâce à ses précieuses décorations et ses détails architecturaux qui ennoblissent sa **façade**. Parmi les fresques, élément commun aux demeures patriciennes d'Europe Centrale, nous remarquerons la peinture représentant *Saint Venceslas à cheval*. L'actuelle Maison Storch a retrouvé ses traits néo-Renaissance vers la fin du XIXème siècle, après la transformation de la précédente demeure gothique datant des XIVème et XVème siècles. La maison voisine dite "**Maison au bélier en pierre**" (n°17), est elle aussi appelée *Maison à la licorne* à cause de son bas-relief.

KB

L'HOTEL DE VILLE DE STARÉ MĚSTO
Staroměstská radnice

L'histoire de cet édifice débute au XII ème siècle et se poursuit sans interruption au rythme des agrandissements, dommages, destructions et reconstructions, jusqu'aux derniers travaux de restauration survenus entre 1978 et 1981. A un premier bâtiment datant de 1338 a été ajouté le beffroi (1364); la Maison Křiž avait été construite précédemment (1360). On la remarque aujourd'hui avec sa couleur vive et avec son inscription *Praga Caput Regni* (Prague capitale du royaume). L'édifice a subi d'importants dommages, au terme de la seconde guerre mondiale. *La Salle du Conseil* a conservé son caractère gothique de la seconde moitié du XVème siècle. La vaste *Salle de réunion* abrite les peintures de V. Brožík (*Jiří de Poděbrad élu roi de Bohême, J. Hus face au Conseil de Constance*). Du sommet du **beffroi**, que l'on peut atteindre en ascenseur (69 m), on peut admirer un magnifique panorama.

Aux pages précédentes: vue de la Tour de l'Hôtel de Ville sur les toits de Staré Město; Staroměstské náměstí, vue sur l'Eglise Notre-Dame-de-Týn; le Monument à la mémoire de Jan Hus domine la grande place entourée de quelques-uns des plus beaux exemples de l'architecture de la ville.

L'hôtel de Ville de Staré Město avec l'Horloge Astronomique, à l'arrière-plan l'Eglise Saint-Nicolas à Staré Město.

Détail du portail gothique de l'Hôtel de Ville et deux gros plans de l'intérieur de l'édifice.

HORLOGE ASTRONOMIQUE
Orloj

Construite par le Maître Mikuláš de Kadan au début du XVème siècle. Elle fut installée par le Maître Hanuš à la fin de ce même siècle. Dans la seconde moitié du XVIème siècle, elle a été mise au point et enrichie par J. Táborský; à chaque heure, le *cortège* suggestif *des apôtres* attire l'attention des touristes qui se regroupent sur la charmante petite place qui fait face au beffroi.

Une belle vue d'ensemble de l'Horloge Astronomique.

L'hôtel de ville de Staré Město avec sa tour, vu de la place de la Vieille Ville.

L'Horloge Astronomique: un détail du Cortège des Apôtres.

L'Horloge Astronomique: cadran supérieur (signes du zodiaque).

L'Horloge Astronomique: cadran inférieur (calendrier).

L'Horloge Astronomique: les quatre photographies représentent les personnages situés autour des cadrans; les personnages qui entourent le cadran supérieur sont des allégories qui symbolisent la "Vanité", l'"Avarice", la "Mort" et la "Luxure".

10
11

Une vue de l'imposante Eglise Notre-Dame-de-Týn qui, avec ses clochers cuspidés domine de centre historique et la magnifique place de Staré Město.

Gros plan du Tympan de l'Eglise Notre-Dame-de-Týn où se trouve une "Madone" sur fond en or.

EGLISE NOTRE-DAME-DE-TÝN
Kostel Panny Marie před Týnem

Cette construction imposante culmine au dessus des toits du Vieux Prague. C'est l'un des symboles les plus connus de la capitale tchèque. L'édifice actuel a été érigé au cours de la seconde moitié du XIVème siècle, sur l'emplacement d' une ancienne église romane. Le choeur a été achevé vers la fin de ce même siècle. Sa **façade**, à la beauté gothique austère, a été achevée au cours de la seconde moitié du XVème siècle, sur ordre de Jiří de Poděbrad. Son tympan abrite une *statue de la Sainte Vierge*. La façade est surmontée de deux clochers identiques bien qu'ils aient été réalisés à deux époques différentes (le clocher Nord date du XVème siècle, le clocher Sud date du XVIème siècle). Ils mesurent 80 mètres de hauteur et sont couronnés de flèches élancées et de tourelles angulaires, ce qui donne à l'édifice un aspect surréel.
L'**intérieur**, majesteux est marqué par les imposantes colonnes qui séparent les trois nefs et qui soutiennent de larges voûtes en croisée d'ogives. Les nefs latérales ont des voûtes d'arêtes.
De précieux petits autels en bois doré sont adossés aux colonnes. L'église abrite, le *Tombeau de Tycho Brahe*, astronome à la Cour de Rodolfe II; une peinture gothique représentant une *Vierge à l'enfant* (XVème siècle); le baldaquin style gothique tardif de M. Rejsek (fin XVème siècle); les peintures du maître-autel (*Assomption* et *Sainte Trinité*) qui ont été réalisées par K. Škréta (XVIIème siècle).

Staroměstské náměstí: Palais Goltz-Kinský et Maison "à la Cloche en Pierre".

Le tympan du Palais Goltz-Kinský; à l'arrière-plan les clochers de l'Eglise Notre-Dame-de-Týn.

Palais Goltz-Kinský: détail d'un stuc de la façade.

PALAIS GOLTZ KINSKÝ

(Palác Goltz-Kinských)

Cet édifice imposant dans le style baroque tardif, ravive le côté Est de la place, avec ses motifs rococo et néo-classiques. Il est le résultat de l'union d'un édifice roman et d'une maison style Premier gothique. Le conte J.E. Goltz confia à K.I. Dientzenhofer l'éxécution des plans, alors que la réalisation fut confiée à A. Lurago (seconde moitié du XVIIIème siècle). Successivement, ce palais fut acheté par le prince R. Kinský. Nous observerons la **façade** avec ses parastates, ses tympans triangulaires, son long balcon reposant sur les colonnes situées de chaque côté des portails, ses fenêtres décorées de stucs et de motifs rococo, ses statues disposées sur l'attique. Ce palais abrite la **Collection d'Art Graphique de la Galerie Nationale**.

MAISON "À LA CLOCHE EN PIERRE"
('U kamenného zvonu')

Dans les années 60 (XXème siècle), des travaux de restauration permirent de restituer à la vue du public, l'élégante **façade** gothique qui était cachée par une façade du XIXème siècle. Les origines de cette maison remontent au XIIIème siècle; elle est déjà citée dans des actes datant du XVème siècle. Les touristes peuvent aujourd'hui admirer ce bel édifice qui, au fil des années avait perdu son bel aspect d'antan.

Staroměstské náměstí: le porche gothique de l'ancienne Ecole de Týn que l'on empreinte aujourd'hui pour accéder à l'église du même nom.

La Maison "à la Cloche en Pierre" tient son nom de la cloche qui se trouve à l'angle de l'édifice en correspondance avec le premier bandeau.

Gros plan du splendide palais aux décorations Art nouveau, aujourd'hui siège du Ministère du Commerce.

Une jolie vue de l'Eglise Saint-Nicolas à Staré Město, précieux témoignage du style baroque de Krystof Dientzenhofer.

Photographie originale de la coupole telle qu'elle nous apparaît de l'intérieur de l'Eglise Saint-Nicolas à Staré Město.

Jeux de perspectives sur Staroměstské náměstí.

EGLISE SAINT-NICOLAS À STARÉ MĚSTO
(*Kostel svatého Mikuláše*)

Ce chef d'oeuvre de l'architecture baroque a été construit dans la première moitié du XVIIIème siècle, par K.I. Dientzenhofer. Sa précieuse **façade** monumentale, orientée vers le Sud est un triomphe de motifs architecturaux et décoratifs baroques. Les deux clochers identiques, la coupole et le corps central de sa façade sont d'une élégance unique. L'**intérieur** possède une nef centrale avec des chapelles latérales. C'est P. Asam le Vieux qui réalisa les fresques du plafond (*Vie de Saint-Nicolas et de Saint-Benoît*), ainsi que celles des chapelles latérales et du presbytère. La *Statue de Saint-Nicolas*, sur la façade latérale, est un ajout du début du XXème siècle (*B. Šimonovský*).

MAISON NATALE DE FRANZ KAFKA (*U věže*)

Proche de l'église, dans la *rue U radnice* (n°5) se trouve la maison ou naquit Franz Kafka. On peut y voir le *Buste* de ce célèbre écrivain pragois (1883-1924).

EGLISE SAINT-JACQUES *(Kostel svatého Jakuba)*

Le style baroque de cette église est le fruit de travaux réalisés entre le XVIIème siècle et le XVIIIème siècle, sur un édifice gothique qui avait été érigé sur les lieux d'une église du XIIIème siècle détruite par un incendie. La **façade** est ornée de stucs réalisés par O. Mosto, représentant *Saint Jacques, Saint François* et *Saint Antoine de Padoue*. A l'**intérieur**, on est frappé par la longueur (en ordre de grandeur, l'église est la seconde après la Cathédrale) et par la richesse des peintures. Au plafond, les fresques sont de F.Q. Voget *(Episodes de la vie de la Sainte Vierge, Glorification de la Sainte Trinité)*. Au dessus du maître-autel se trouve un tableau de V.V. Reiner représentant le *martyre de Saint Jacques*. Le *Tombeau baroque du conte Vratislav di Mitrovice* a été dessiné par J.B. Fischer von Erlach et réalisé par F.M. Brokoff (XVIIIème siècle). Le **Cloître** du couvent des Frères Mineurs jouxte l'église.

TOUR POUDRIERE *(Prašná brána)*

Cette tour grandiose, domine du haut de ses 65 mètres, un important carrefour de Staré Město (*Celetná ulice, Na příkopě, Náměstí Republiky*). Cette construction imposante de style gothique tardif, a été réalisée au cours de la seconde moitié du XVème siècle, là où se trouvait dèjà depuis le XIIIème siècle, une porte appartenant aux anciennes fortifications. M. Rejsek a réalisé le projet pour le compte de Vladislas Jagellone, en s'inspirant de la Tour du Pont de Staré Město. La Tour Poudrière constituait un des éléments principaux du système de défense de ce quartier. Elle prit son nom au XVIIIème siècle, lorsqu'elle abrita un entrepôt de munitions. On ne manquera pas d'admirer les armoiries et les statues de *Saints et de Souverains de Bohême* qui la décorent. Un escalier en colimaçon conduit à son sommet d'où l'on peut admirer un magnifique panorama sur la ville.

RUE CELETNÁ

Dans la seconde moitié des années 80 (XXème siècle), cette artère importante de Staré Město a retrouvé son charme d'autrefois. Elle a depuis toujours occupé une place fondamentale (le cortège royal la parcourait lors des cérémonies de couronnement des souverains de Bohême), et aujourd'hui elle se distingue grâce aux magnifiques édifices qui la bordent (ces édifices de style baroque sont le fruit de transformations réalisées sur des constructions de style roman et de style gothique). La **Maison Sixt**, située au n° 2 avec ses remarquables statues situées sur son attique et attribuées à A. Braun. Au n° 12 se trouve le **Palais Hrzán**, avec sa belle façade ornée de sculptures réalisées par les élèves de F.M. Brokoff; G.B. Aliprandi a effectué les travaux de restauration de cette façade. On remarquera les armoiries qui surplombent le portail de l'édifice situé au n° 16. Au n° 17, la **Maison Menhart** abrite une pittoresque *vinárna*. Certains édifices accueillent aujourd'hui l'Université de Prague (n° 20 - 22). La façade baroque de la maison située au n° 23 est embellie par une *statue de la Sainte Vierge* de M.B. Braun. On admirera également les édi-

Gros plan des précieux stucs qui décorent la façade de l'Eglise Saint-Jacques.

Vue sur la Tour Poudrière, considérée comme l'un des monuments les plus caractéristiques de la ville.

fices situés au n° 31 (le **Palais** baroque **Pachtovský**), au n° 34 la maison "**A la Mère noire de Dieu**" où est représentée une *Sainte Vierge derrière les barreaux* et au n° 36 l'ancien Hôtel des monnaies qui était en activité au XVIème siècle.

THEATRE DES ETATS GENERAUX
(*Stavovské divadlo*)

C'est le premier théâtre construit dans la capitale; il a été fondé par le Conte A. von Nostitz-Rieneck, qui confia le projet à A. Haffenecker (seconde moitié du XVIIIème siècle). Il a plusieurs fois changé de nom et de propriétaire: aujourd'hui, il a retrouvé le nom de son époque de gloire (fin du XVIIIème siècle) et fait partie du Théâtre National. Le 29/10/1787 a eu lieu la première du *Don Juan* de W.A. Mozart. Entre 1813 et 1816, son orchestre était dirigé par Carl Maria von Weber.

Une vue de l'élégant Théâtre des Etats.

L'un des élégants portails de la rue Celetná ulice.

Celetná ulice: la Maison "à la Mère noire de Dieu" où l'on peut admirer "la Vierge Noire derrière les barreaux".

LE QUARTIER JUIF

L'ancien ghetto juif de Prague (*Židovské ghetto*) qui occupe une portion du quartier de Staré Město, est important aussi bien du point de vue de ses dimensions que du point de vue culturel et touristique. Ce ghetto porte le nom de *Josefov* en l'honneur de l'Empereur Joseph II. L'histoire de l'établissement des juifs à Prague, débute aux alentours du Xème siècle. Au XVIIème siècle, on dénombrait plus de 7000 résidents. Les persécussions, les incendies et les saccages se succédèrent ponctuellement, rendant la vie des juifs difficile tout au long des siècles. Vers la moitié du XVIIIème siècle, un décret de Marie Thérèse d'Habsbourg ordonnait l'expulsion des juifs. Dans la seconde moitié de ce même siècle, l'Empereur Joseph II faisait abattre les murs du ghetto pour restructurer (même d'un point de vue administratif) le quartier juif, qui porte le nom de Josefov en son honneur. C'est uniquement en 1848 que les droits civiques furent reconnus aux juifs. Les années de l'occupation nazie à Prague (1939 - 1945) marquèrent la période la plus noire pour la communauté juive, qui subit persécussions et déportations. Certaines estimations évaluent à 90% le nombre de juifs de Bohême et de Moravie qui ont péri au cours de la seconde guerre mondiale. Aujourd'hui, l'ensemble des édifices laïcs et religieux ainsi que le cimetière qui constituent le ghetto juif, ont été transformés en une sorte de grand musée à ciel ouvert. Parmi les édifices du ghetto, le plus intéressant d'un point de vue architectural, est l'**Hôtel de Ville juif** (*Židovská radnice*), une construction Renaissance datant de la seconde moitié du XVIème siècle. Les éléments baroques datent de la seconde moitié du XVIIIème siècle; il a également été agrandi au début du XXème siècle. Nous remarquerons l'originalité de l'horloge située dans le tympan : elle porte des chiffres hébreux et ses aiguilles tournent à l'envers.

Josefov: l'Hôtel de Ville juif.

Josefov: La statue de Moïse.

Josefov: la caractéristique du Vieux Cimetière Juif réside dans l'incroyable superposition de ses pierres tombales.

Josefov: la tombe du rabbi Löw est l'une des plus connues et recherchées par les visiteurs du Vieux Cimetière Juif.

VIEUX CIMETIERE JUIF
Starý židovský hřbitov

La particularité de ce site réside dans le nombre incroyable de sépultures (environ 20.000) qui se superposent en raison du peu d'espace disponible et qui créent un ensemble pittoresque et suggestif de pierres tombales. Ces dernières sont à l'origine de l'atmosphère particulière qui règne dans ces lieux. Dans certaines zones du cimetière, les sépultures se superposent sur au moins neuf épaisseurs. Les inscriptions en hébreux et les sculptures qui ornent les pierres tombales constituent une clé de lecture intéressante pour mieux connaitre la communauté juive; renseignant sur le sexe et la condition du défunt ainsi que sur son appartenance à tel art, métier ou classe sociale (comme par exemple pour les rabbins). Ce cimetière, créé dans la première moitié du XVème siècle, a rempli ses fonctions au moins jusqu'à la seconde moitié du XVIIIème siècle.

Josefov: détail de l'intérieur de la Synagogue Klausen.

SYNAGOGUES

Elles sont nombreuses dans ce quartier. La **Synagogue haute** (*Vysoká synagóga*) a été érigée dans la seconde moitié du XVIème siècle, sur un projet de P. Roder. Au XIXème siècle, elle a été séparée de l'Hôtel de Ville, grâce à des travaux de restauration. La Salle centrale carrée, style Renaissance à l'origine, a été transformée en style néo-Renaissance aux XVIIème et XIXème siècles. Nous remarquerons les magnifiques voûtes. Des expositions sont organisées dans les salles de cette synagogue, par le Musée Juif d'état (ornements sacerdotaux, manuscrits, objets précieux).

La **Synagogue Klaus** du XVIIème siècle (*Klausova synagóga*) occupe l'emplacement d'une ancienne école juive du rabbi Löw ben Bezalel, un rabbin philosophe qui a vécu au XVIème siècle. Des gravures et des manuscrits sont conservés dans cet édifice baroque.

La **Synagogue Pinkas** (*Pinkasova synagóga*) occupe l'emplacement de thermes dont la date remonterait aux XIème et XIIème siècles; dans la première moitié du XVIème siècle, cette synagogue style gothique tardif fut construite sur les lieux où avait demeuré le rabbin Pinkas (ce qui explique l'origine de son nom). Dans la première moitié du XVIIème siècle, cette synagogue a été agrandie et reconstruite dans le style Renaissance tardif. Dans les années cinquante (XXème siècle) la synagogue abrite le *Mémorial des 77.297*, monument érigé à la mémoire des victimes de l'Holocauste.

L'édifice qui accueille aujourd'hui la **Synagogue Espagnole** (*Španělská synagóga*) se distingue par l'aspect Maure qui lui a été attribué au cours de la seconde moitié du XIXème siècle.
L'intérieur rappelle de façon précise l'Alhambra de Grenade. La synagogue doit son nom à une communauté de juifs espagnols, venus à Prague pour fuir les persécussions. Cet édifice, plusieurs fois détruit par des incendies et reconstruit, a pris la place de la Vieille Ecole, la synagogue la plus ancienne de la ville (XIIème siècle).

Josefov: Quelques photographies de l'intérieur de la Synagogue Maisel.

La **Synagogue Maisel** (*Maiselova synagóga*) doit son nom au primat de la vieille ville juive, sous le règne de Rodolphe II. Erigée dans le style Renaissance (fin du XVIème siècle), elle a été reconstruite en style baroque, après un incendie survenu environ un siècle plus tard. L'édifice que nous pouvons admirer aujourd'hui, a été transformé en style néo-gothique entre le XIXème siècle et le XXème siècle. A l'intérieur se trouve la magnifique exposition d'Argent des Synagogues de Bohême, qui rassemble des objets de décoration et des bijoux de différentes époques provenant de synagogues et de collections privées, intéressants témoignages de l'art baroque et rococo. Ces pièces ont été réalisées par des maitres orfèvres d'Augsbourg, de Nuremberg et de Vienne.

La **Synagogue Vieille-Nouvelle** (*Staronová synagóga*), aux origines gothiques, elle a été agrandie suivant les préceptes cisterciens (XIIIème siècle). D'autres modifications et ajouts ont été apportés entre le XVème et le XVIIIème. Des travaux de restauration et de conservation ont également été réalisés aux XIXème et XXème siècles. Cette synagogue est encore destinée aux fonctions religieuses. On peut voir une *Statue de Moïse* (F. Bílek) dans le parc de la synagogue.

LE COUVENT DE SAINTE AGNES
(*Anežský klášter*)

Cet édifice qui accueille aujourd'hui les collections de la Galerie Nationale et du Musée des Arts Décoratifs, fait partie des monuments de Prague les plus dignes d'intérêt. Sa construction a été ordonnée par la soeur du Roi Venceslas Ier, la princesse Agnès (première moitié du XIIIème siècle), pour y installer l'ordre des clarisses. C'est ensuite que la princesse entra dans les ordres de Sainte Claire, et devint la mère supérieure de ce nouvel ordre monastique. Par la suite, s'ajoutèrent le **Couvent des Frères Mineurs** (1240); l'**Eglise Sainte-Barbe** (XIVème siècle, transformée en style baroque au XVIIème siècle, à l'intérieur se trouvent les tombeaux du *Roi Venceslas Ier* et de *Sainte Agnès* ainsi que les tombeaux de plusieurs membres de la Dynastie des Přemyslide); l'**Eglise Saint-François** (moitié du XIIIème siècle) et le Couvent des Franciscains; l'**Eglise Saint Sauveur** (seconde moitié du XIIIème siècle), bel exemple de l'architecture gothique qui n'en était qu'à ses debuts en Bohême, et mausolée de la Dynastie des Prĕmyslides.
Parmi les collections les plus intéressantes que ce couvent abrite, nous signalerons la magnifique collection de peintures historique de Bohême (XIXème siècle) et la collection d'artisanat artistique.

MUSEE DES ARTS DECORATIFS
(*Umělecko-průmyslové muzeum*)

A proximité du Vieux Cimetière Juif, s'élève cette construction de style néo-Renaissance (J. Schulz, fin du XIXème siècle, début du XXème siècle). Parmi les pièces exposées, nous remarquerons en particulier les meubles, les porcelaines, les céramiques, les pièces en cristal, les bijoux, les bronzes, les tissus, les instruments de mesure ainsi qu'un médaillier. La Bibliothèque abrite quelques parchemins du XVème siècle.

MUSEE NATIONAL JUIF
(*Státní Židovské muzeum*)

Les collections qui constituent ce musée, (intéressant pour mieux comprendre la culture et le développement de la communauté juive dans cette ville) proviennent de nombreuses synagogues de Bohême, de Moravie et de l'ensemble de l'Europe. Bien que les nazis aient voulu en faire un "Musée exotique d'une race disparue", le nombre des pièces qui le constituent a justement augmenté pendant l'occupation de Prague.

Josefov: une vue de la Synagogue Vieille-Nouvelle et un détail de son intérieur.

Náměstí Jana Palacha: l'élégant Rodolphinum, plus connu aujourd'hui sous le nom de "Maison des Artistes", donne sur cette grande place.

Cette gracieuse Victoire s'élève sur la place Náměstí Jana Palacha et constitue un parfait complément ornemental au Rodolphinum.

RODOLPHINUM - MAISON DES ARTISTES
(*Dům umělců*)

Cet édifice grandiose, que l'on remarque par son architecture élégante et imposante, le long de la Vltava, donne sur la place consacrée à *Jan Palach*, martyre du "Printemps" de Prague (1968). Il est également connu sous le nom de *Rodolphinum*, en l'honneur de Rodolphe d'Habsbourg. Cette maison a été construite dans la seconde moitié du XIXème siècle, par J. Zítek et J. Schulz. Autrefois lieu de réunion du Parlement tchèque (1919-1939), elle est considérée l'un des exemples les plus importants de l'architecture de style néo-Renaissance à Prague. Une allégorie wagnerienne orne l'entrée principale, alors que l'attique est décoré avec des statues représentant des artistes et des musiciens célèbres. A l'intérieur, on remarque la *Salle Dvořák* avec ses précieuses décorations. Près du fleuve se trouve la *Statue de Joseph Mánes*, réalisée en 1951 par *B. Kafka*. A proximité, le pont *Manesův most* est également dédié au peintre tchèque.

LA NOUVELLE VILLE - NOVÉ MĚSTO

NA PŘÍKOPĚ

Situé au coeur de la *Croix d'Or,* il s'agit du quartier commercial (quartier piétonnier) de Prague avec ses magasins, ses banques, ses restaurants et ses grands édifices. Son nom tchèque veut dire "au fossé" (*Na příkopě* s'étend en effet jusqu'à la limite d'un fossé qui séparait Staré Město - la "vieille ville" - de Nové Město - la "Nouvelle Ville); autrefois un torrent y coulait. Au n° 4 se trouve un édifice (XIXème siècle), qui abrite le **Dům elegance**, le grand magasin le plus ancien de la capitale tchèque. Au n° 10 se trouve un bel exemple du style baroque, le **Palais Sylva-Taroucca**. La **Maison Slave**, bâtiment d'origine baroque (XVIIème-XVIIIème siècles) transformé en style néo-classique à la fin du XIXème siècle ainsi que le **Palais de la Banque d'Etat** (n° 24), construit à la fin des années 30 (XXème siècle), sont également dignes d'intérêt. A la place de ce dernier, se trouvaient autrefois des hôtels dans lesquels ont séjourné des personnalités du XIXème siècle.

PLACE SAINT VENCESLAS
(*Václavské náměstí*)

La *Place Saint Venceslas* s'ouvre au coeur de la ville. Ses dimensions (750 x 60 mètres) lui donnent davantage l'aspect d'un *boulevard* parisien, que celui d'une place. Les grands hôtels comme l'Hôtel Evropa, bel exemple Art nouveau (n° 25), les restaurants, cafés, galeries, magasins, cinémas et autres lieux de distraction en font un carrefour animé de la *Croix d'Or,* c'est à dire l'ensemble des artères *Na příkopě, Na Můstku* et *28. října*. Nous sommes ici dans la zone commerciale de la capitale tchèque, embellie par de vastes espaces verts dans les années 80 (XXème siècle), suite aux travaux pour la réalisation du métro. Sur la place, devant le Musée National s'élève la *Statue de Saint Venceslas* réalisée par J.V. Myslbek (1912-1913). Le Saint patron de Bohême est représenté à cheval, entouré par les statues de *Sainte Ludmille, Saint Procope, Saint Adalbert* et *Sainte Agnès de Prague*. Ouverte par Charles IV en même temps que la construction de Nové Město, pour accueillir un marché aux chevaux, cette place porte son nom actuel depuis la moitié du XIXème siècle. Elle représente également la conscience historique et morale de la nouvelle Republique Tchèque. Dans les premiers mois de l'année 1969 elle fut le théâtre des événements dramatiques dûs à l'occupation militaire des troupes du Pacte de Varsovie (août 1968). Le 16 Janvier, l'étudiant en philosophie Jan Palach se transforma en torche humaine aux pieds du Momument Saint Venceslas; quelques semaines plus tard, sur cette même place, l'étudiant Jan Zajic se suicida. Dix-neuf ans après, le 28/10/1988, la police communiste éparpilla par la force, une manifestation qui célébrait la proclamation de la Première république. D'autres interventions violentes contre les manifestants rappelant le sacrifice de J. Palach ont eu lieu en 1989. Mais nous étions désormais arrivés à l'épilogue: la "Révolution de velours" qui redonnerait en quelques mois à la Tchécoslovaquie la dignité d'un pays libre, était inévitable.

Un monument d'une extrême simplicité rappelle les victimes du communisme.

Place Saint-Venceslas: vue sur le Musée National.

La statue équestre du saint patron de Bohême se dresse devant le Musée National, entourée des statues de Sainte Ludmille, Saint Procope, Saint Adalbert et Sainte Agnès de Prague.

L'élégante façade de l'Hôtel Evropa, l'un des édifices Art nouveau les plus représentatifs de la ville.

MUSEE NATIONAL (*Národní muzeum*)

Cet édifice imposant néo-Renaissance, en bas de la *Place Saint Venceslas*, a été construit dans la seconde moitié du XIXème siècle, sur un projet de J. Schulz. Le siège principal du Musée National comprend le **Musée d'Histoire et Sciences Naturelles**, la **Bibliothèque** (qui contient plus de 1,3 million de volumes et 8000 manuscrits). Le **Panthéon**, cette grande salle surmontée d'une voûte élancée, abrite de nombreux bustes et statues représentant les grands hommes qui ont marqué la vie culturelle tchèque. Les ailes du musée abritent les collections Minéralogiques, Botaniques, Zoologiques. La Section Histoire-Archéologie regroupe les collections numismatiques et de documents de l'histoire du théâtre. Le *Musée Ethnographique*, le *Musée des instruments de musique, Náprstek* et le *Musée du Sport et de la Culture Physique*, font également partie du Musée National, mais ils se trouvent dans d'autres édifices.

Musée National: sculpture celte datant du IIème et Ier siècles avant JC, de Mseke Zemrovice (Bohême).

Musée National: Bronzes votifs appartenant à la culture Hallstat (VIème siècle avant JC), de Hradec Králové (Bohême).

Musée National: petit bronze votif celte (Ier siècle avant JC), de Stradonice.

Le Théâtre National vu de la Vltava.

Théâtre National: détail de l'attique avec les "Déesses de la Victoire".

Une vue du Théâtre National du (Pont) Most Legií.

THEATRE NATIONAL (*Národní divadlo*)

Ce bel édifice qui se caractérise par ses aspects architecturaux néo-Renaissance, donne sur la rive droite de la Vltava. Il a été construit au cours de la seconde moitié du XIXème siècle, suivant le projet de J. Zítek. Détruit par les flammes peu de temps après la première représentation, il a été reconstruit en temps record par J. Schulz, élève de Zítek. Il a été rénové entre 1976 et 1983. En 1983, le complexe moderne, La **Nouvelle Scène** dont fait également partie le **Théâtre Laterna Magica**, a été ajouté. La **façade** nord, est ornée des statues de *Záboj et Lumír*, réalisées par des artistes de l'entourage de A. Wagner. Sur l'attique, se trouvent les sculptures *d'Apollon et les Muses* ainsi que celles des *Déesses de la Victoire*; il s'agit des oeuvres de B. Schnirch. L'entrée latérale est surmontée par les *Allégories de la Lyrique et de la Commédie*; ces oeuvres sont attribuées à J.V. Myslbek qui est également l'auteur des bustes des hommes célèbres. Les **intérieurs** sont richement décorés. *Huit Allégories des Arts* (F. Ženíšek) décorent le plafond du parterre; *L'Age d'Or, déchéance et renaissance de l'Art* qui décorent le foyer de la première galerie sont également des oeuvres de F. Ženíšek.

MUSEE DVOŘAK - VILLA AMERIQUE
(*Letohrádek Amerika*)

Dans ce musée, nous pouvons voir des partitions, des documents et des lettres du célèbre compositeur tchèque Antonín Dvořák (1841-1904). Ce musée se trouve dans la splendide Villa Amerique. Cet édifice peut être définit comme un bijou du style baroque à Prague. Il fut conçu par l'architecte K.I. Dientzenhofer, pour le conte Michna qui en fit sa résidence d'été. La villa qui date de la première moitié du XVIIIème siècle, est connue sous le nom de *Villa Michna*; on remarque son magnifique portail baroque (copie), ses fresques du XVIIIème de J.F. Schor, ainsi que ses statues datant de la même époque, réalisées par les élèves de A. Braun et situées dans le jardin.

Aux pages précédentes: Vue d'ensemble de Prague, entre la Colline de Vítkov avec le Mausolée de Žižkov (à gauche) et la silhouette particulière de la Tour de la Télévision (à droite).

Musée Dvořák: portrait du compositeur dirigeant un orchestre.

Musée Dvořák: la maison natale du compositeur tchèque (acquarelle).

Une vue suggestive du quartier Vyšehrad vu de la Vltava.

VYŠEHRAD

Lorsque l'on désigne la colline de Vyšehrad "Haut Château", on entend l'endroit où vécurent les premiers souverains Přemyslidi. Cet endroit a été créé au Xème siècle pour rivaliser avec le château de Hradčany. A partir du XIème siècle ce lieu devint de plus en plus important, car les souverains s'y installèrent. Tombé en désuétude vers la moitié du XIIème siècle, on décida de construire les fortifications deux siècles plus tard.
Les guerres hussites (XVème) endommagèrent lourdement ces lieux. Au XVIIème siècle, le quartier avait l'aspect d'une forteresse baroque. En 1911 des travaux de démolition furent entrepris. Aujourd'hui, Vyšehrad est au centre des oeuvres de récupération.

BASILIQUE DE SAINT-PIERRE-ET-SAINT-PAUL
(*Kostel svatého Petra a Pavla*)

Cette basilique située sur la colline de Vyšehrad est un élément important du paysage pragois. Ses deux clochers dominent les maisons qui donnent sur la rive droite de la Vltava et sont le symbole de ce quartier. Le premier lieu de culte fut construit dans la seconde moitié du XIème siècle. Sous le règne de Charles IV, l'édifice fut transformé en style gothique (trois nefs). Il subit d'autres transformations, au XVIème siècle style Renaissance, au XVIIIème siècle style baroque. La basilique, telle qu'elle se présente aujourd'hui aux yeux des visiteurs, présente des aspects néo-gothiques qui lui ont été attribués dans la

seconde moitié du XIXème siècle. Entre 1981 et 1987 des travaux de restauration supplémentaires ont été effectués en même temps que des fouilles archéologiques. La **façade** de l'édifice est encadrée par deux clochers identiques, érigés au début du XXème siècle sur un projet de J. Mocker et F. Mikš. L'aspect néogothique de la façade est accentué par le tympan triangulaire orné de sculptures. Les magnifiques portails sont décorés de marqueterie (portails latéraux) et de hauts-reliefs (portail central). On remarquera les battants avec leurs armoiries et leurs dorures. A l'**intérieur**, les fresques aux motifs stylisés datent du début du XXème siècle. On remarquera la richesse des décorations et peintures qui recouvrent complètement les nefs et les voûtes (voûtes d'arète à nervures). Des piliers soutenant des arcs en croisée d'ogives séparent les trois nefs. Au dessus des autels latéraux, enrichis d'oeuvres en bois (devants d'autels, sculptures, triptyques), se trouvent de magnifiques vitraux. Quatre

Vyšehrad: Basilique Saint-Pierre-et-Saint-Paul, un détail du splendide portail néo-gothique et deux gros plans des portes avec leurs magnifiques décorations et blasons de Bohême.

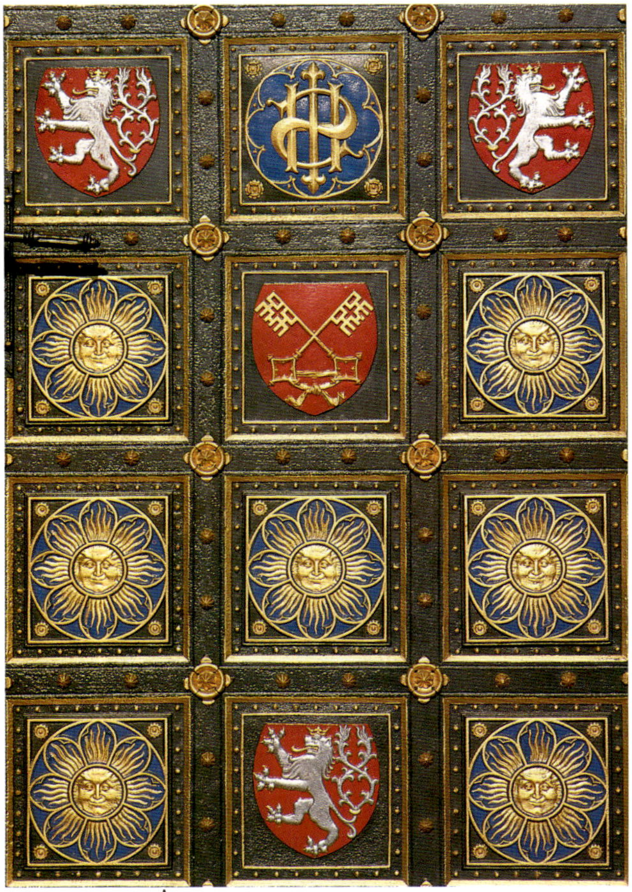

Vyšehrad: une vue du Cimetière Monumental.

Vyšehrad: la Rotonde Saint-Martin, considérée comme l'exemple d'architecture romane le plus ancien de la ville (XIème siècle, restaurée au XIXème siècle).

statues réalisées par F. Hrubes (fin du XIXème) décorent le maître-autel de J. Mocker; elles représentent *Saint-Pierre et Saint-Paul, Saint-Cyrille et Saint-Méthode.* On peut également admirer (première chapelle de droite) le *Tombeau de Saint-Longin*, une sépulture d'époque romane (XIème siècle) et (troisième chapelle de droite) un tableau du XIVème siècle représentant la *Vierge de la pluie*. On remarquera la belle chaire en bois ainsi que le choeur construit dans le même matériau.

CIMETIERE MONUMENTAL
(*Vyšehradský hřbitov*)

A l'origine, il s'agissait d'un cimetière du Moyen-Age qui jouxtait la Église de Saint-Pierre-et-Saint-Paul. A partir de la seconde moitié du XIXème siècle, il fut transformé en Mémorial de l'art et de la culture tchèques. Parmi les célèbrités qui reposent dans ce cimetière, nous citerons le peintre M. Aleš, les écrivains K. Čapek, B. Němcová, J. Neruda, les compositeurs A. Dvořák et B. Smetana. Parmi les sculpteurs qui reposent dans la *Chapelle de Slavín*, nous citerons B. Kafka, J.V. Myslbek, L. Šaloun.

Une perspective de la Vltava avec les nombreux ponts qui la traversent, le deuxième est le célèbre Pont Charles.

La Vltava vue du pont "Legií".

La Villa Bertramka datant du XVIIème siècle abrite le Musée Mozart.

VILLA BERTRAMKA(*Bertramka*)

Les origines de cette villa remontent au XVIIème siècle; elle a ensuite eu plusieurs propriétaires. Dans la seconde moitié du XVIIIème siècle, elle a appartenu aux époux Dusěk, qui ont plusieurs fois reçu Mozart qui y composa des oeuvres et y éxécuta quelques premières. Cette résidence pragoise de Mozart se trouve au pied d'une verte colline et possède un magnifique parc.

MUSEE MOZART

Le musée, dédié au grand compositeur de Salzbourg, a été créé aux alentours de la moitié du XIXème siècle, par Popelka père et fils. Il se trouve au premier étage de la Villa Bertramka et a été ouvert en 1956. Avec les musées Smetana et Dvořák, il constitue la *Section Autonome de Musicologie du Musée National*. A voir, le *Buste de Mozart* qui a été réalisé par T. Seidan et qui se trouve dans le jardin de la villa. Parmi les documents concernant Mozart, outre le bureau et la chambre du compositeur, on peut voir des partitions, des lettres et des affiches d'époque.

PETŘÍN

TOUR DE PETŘÍN
(*Petřínská rozhledna*)

Si dans la littérature touristique, Prague est définie la "Paris de l'Est", ce qualificatif dérive non seulement du charme de ses sites et de ses monuments, mais surtout de cette tour en fer. Elle a été réalisée en 1891 sur le modèle de la Tour Eiffel. Elle mesure 60 mètres de haut et a été construite à l'occasion de l'Exposition Industrielle de Prague. Elle sert de relais de télévision. A la différence de la Tour Eiffel, on la gravit à pied (299 marches); au sommet, le point de vue récompense de la fatigue de l'ascension : la "Ville dorée", ses collines et ses alentours s'offrent à la vue des visiteurs.

LABYRINTHE DE GLACES (*Bludiště*)

Il se trouve dans un joli pavillon où l'on peut voir également une maquette en bois de la Porte Charles ainsi qu'un gigantesque tableau représentant la *Bataille des étudiants pragois contre les Suédois en 1648*. Il s'agit d'une oeuvre de A. Liebscher et de V. Bartoněk (fin du XIXème siècle). Le Labyrinthe de glaces a été réalisé en même temps que la Tour et est une attraction dans l'"Oasis" de Petřín.

OBSERVATOIRE ASTRONOMIQUE
(*Hvězdárna*)

Il accueille l'Institut d'Astronomie de l'Académie des Sciences Tchèque. En 1928, une première section de l'Observatoire a été ouverte au public. Des visites guidées et des programmes d'astronomie sont mis à la disposition des amants de cette discipline. Pour les observations, des instruments récents mais également des télescopes désormais obsolètes, sont utilisés.

EGLISE SAINT-LAURENT
(*Kostel svatého Vavřince*)

L'aspect baroque de ce lieu de culte date du XVIIIème siècle, lorsque I. Palliardi transforma un édifice roman que l'on citait déjà dans la première moitié du XIIème siècle. Sa **façade** est ornée de la *Statue de Saint Adalbert*, réalisée par F. Dvořáček au XIXème siècle. A l'**intérieur**, au dessus du maître-autel, on peut voir une peinture de la fin du XVIIème siècle de J.C. Monnos, représentant *Le Supplice de Saint-Adalbert*. Dans la Sacristie se trouve une fresque au plafond du XVIIIème siècle, représentant *L'histoire de la fondation de l'Eglise de Saint-Adalbert*.

Sur la colline de Petřín s'élève cette tour panoramique "petite soeur jumelle" de la Tour Eiffel.

L'Eglise Saint-Laurent vue de la Tour de Petřín.

Aux pages suivantes: l'extraordinaire vue d'ensemble sur la "Ville dorée", de la Tour de Petřín.

COUVENT DE STRAHOV
Strahovský klášter

Ce couvent a été fondé au XIIème siècle par Vladislas II et par l'évêque de Olomouc, pour l'Ordre des Prémontrés. Détruit par un incendie en 1258, il a été reconstruit en style gothique. Dans la seconde moitié du XIVème siècle, Charles IV a inclu cet édifice dans les murs de la ville. Agrandi et embelli pendant son époque Renaissance, ce couvent a été détruit par les suédois à la fin de la guerre de Trente Ans. Dans la seconde moitié du XVIIème siècle, l'architecte J.B. Mathey a achevé la transformation baroque de cet ensemble. A nouveau détruit par la guerre (1741), il s'est refait une beauté au cours de la période néo-classique. Au début des années cinquante (XXème), des travaux de restauration ont mis à jour des fondations romanes. Dans le couloir, une porte de style baroque est surmontée par la *Statue de Saint-Norbert*, fondateur de l'ordre des Prémontrés. L'ancienne Chapelle Saint-Roch a été construite à l'initiative de Rodolphe II (première moitié du XVIIème siècle); aujourd'hui, on y organise des expositions. Derrière la *Colonne de Saint-Norbert* (XVIIème), se trouve l'**Eglise Notre-Dame de l'Assomption** qui date elle

Couvent de Strahov: la façade de l'Eglise Notre-Dame de l'Assomption ainsi qu'une vue de son intérieur.

Couvent de Strahov: deux photographies de la Salle de Théologie avec ses précieux stucs et ses splendides peintures.

Couvent de Strahov: un gros plan des peintures du plafond de la Salle de Philosophie.

Couvent de Strahov: une vue d'ensemble du plafond de la Salle de Philosophie.

Couvent de Strahov: cette photographie nous montre l'aspect grandiose de la Salle de Philosophie.

aussi du XVIIème siècle. Son harmonieuse **façade** baroque porte en son sommet un *Agneau* entouré d'une inscription dorée *Vidi supra Montem Sion Agnum*. Son **intérieur**, à trois nefs, est riche en décorations baroques et en mobilier (cartouches en stuc représentant la Vierge Marie). A proximité se trouvent les bâtiments du couvent destinés à accueillir le **Musée de la Littérature Nationale** (*Památník národního písemnictví*). La **Bibliothèque Historique** du couvent qui est redevenue propriété des frères (1992), abrite 130.000 volumes, 5.000 manuscrits, 2.500 incunables ainsi qu'une grande quantité de cartes géographiques anciennes. Des témoignages de la littérature Tchèque datant du IXème siècle au XVIIIème siècle, y sont conservés. La *Salle de Théologie* de la bibliothèque possède de magnifiques stucs et peintures du XVIIème siècle. La voûte en berceau baroque a été réalisée par G.D. Orsi di Orsini. Le cycle de fresques (25) peintes par S. Nosecký, moine de Strahov est un véritable chef d'oeuvre. La *Salle de Philosophie* est immense et possède une fresque sur son plafond, peinte au XVIIIème siècle par F.A. Maulpertsch. Cette salle abrite également un Buste en marbre représentant *François Ier*, réalisé par F.X. Lederer au XIXème siècle. Parmi les pièces de collection les plus précieuses, on remarquera *l'Evangéliaire dit de Strahov* des IXème-Xème siècles, *l'Historia Anglorum*, la *Bible de Schelmenberg* et *l'Herbier de Strahov*.

HRADČANY

SANCTUAIRE DE LORETTE
Loreta

Les origines de ce sanctuaire, qui compte parmi les destinations et lieux de pélerinage les plus fréquentés de Bohême, remontent au XVIIIème siècle, même si la légende de la maison de Nazareth (où avaient vécu la Vierge et le Christ), miraculeusement transportée par les anges à Loreto (Italie), est largement plus ancienne (XIIIème siècle). En Bohême, après la Contre-Réforme, bon nombre de santuaires furent construits sur le modèle de celui de Loreto, de façon à ce que le Catholicisme s'implante dans les territoires soustraits aux protestants. La **façade** du sanctuaire a été commencée par les architectes Dientzenhofer après 1721, à l'initiative du prince de Lobkowitz et de son épouse, Eléonore Caroline. Au dessus de l'entrée principale on remarque les sculptures et les armoiries de marbre réalisées par F. Kohl. Le clocher baroque abri-

Une belle vue d'ensemble du Sanctuaire de Lorette.

Sanctuaire de Lorette: détail du clocher.

Sanctuaire de Lorette: deux gros plans de la façade avec ses nombreuses sculptures.

te un carillon de 27 cloches (1694), qui interprète à toutes les heures un petit concert en l'honneur de la Sainte Vierge. Dans la première moitié du XVIIème siècle, l'architecte G.B. Orsi achevait la construction de la **Chapelle**, réplique de la "**Santa Casa**" italienne, encadrée de deux fontaines et située au sein de la cour entourée d'un cloître à deux niveaux. Les décorations des murs extérieurs, stucs et sculptures, retracent des *Episodes de la Vie de la Sainte Vierge*, ainsi que la *Légende de la "Santa Casa"*, ou bien représentent des *Prophètes de l'Ancien Testament* et des *Sibylles païennes*. L'**intérieur** de la chapelle, merveilleusement décoré par le peintre F. Kunz (XVIIème siècle) né à Malá Strana, abrite un précieux autel en argent une *statue de la Madone* en bois ainsi que de nombreux ornements en argent, le tout pesant plus d'un demi quintal de ce précieux métal. L'ambiance de recueillement qui règne à l'intérieur de la Chapelle est très suggestive; une splendide iconostase fait face à la Vierge. Deux fontaines du XVIIIème siècle, encadrent la "Santa Casa" et représentent l'*Assomption* et la *Résurrection*.
Le **Cloître** date de la première moitié du XVIIème siècle et est décoré de fresques de F.A. Scheffler (XVIIIème siècle). Les chapelles qui sont disposées autour du cloître, sont richement décorées de fresques, peintures et sculptures. On remarque leurs

Hradčanské náměstí: Cette grande place, vue du côté où donne le château de Prague.

Hradčanské náměstí: de splendides édifices donnent sur cette place.

Hradčanské náměstí: la très belle architecture du Palais archiépiscopal met ultérieurement en valeur la place du Château.

confessionnaux et leurs devant d'autels en bois. L'**Eglise de la Nativité** qui s'ouvre sur le côté Est et jouxte le cloître a été construite à partir de 1717 par les architectes Dientzenhofer père et fils. Elle a été achevée par G. Aichbauer en 1735. Son **intérieur** est un très bel exemple du style baroque, avec une profusion de sculptures, marqueteries, stucs dorés, fresques sur les voûtes, anges et marbres multicolores. Le maître-autel est surmonté d'un retable de J.G. Heintsch (*Nativité*). Les fresques du plafond près du choeur illustrent *La présentation de Jésus au temple* (V.V. Reiner XVIIIème siècle); l'*Adoration des bergers*, l'*Adoration des Rois Mages* (J.A. Schöpf XVIIIème siècle). A voir également, le *Trésor de Notre-Dame-de-Lorette*, situé au premier étage du cloître. Il regroupe des objets liturgiques, des chasubles, de précieux ostensoirs datant du XVIème siècle au XVIIIème siècle. On remarque des pièces décorées de perles, diamants et pierres précieuses. Ces bijoux, d'une valeur inestimable ont été réalisés en partie à Vienne par J. Künischbauer et M. Stegner, bijoutiers de la Cour des Habsbourg.

COUVENT DES CAPUCINS
(Kapucínský klášter)

Cet édifice se trouve au nord de la *Place de la Lorette* (Loretánské náměstí). Construit au début du XVIIème siècle, c'est le premier couvent de cet Ordre en Bohême. Une galerie couverte le relie au Sanctuaire de Lorette. A proximité se trouve l'**Eglise de la Sainte Vierge** qui abrite un cycle de peintures gothiques.

HRADČANSKÉ NÁMĚSTÍ

Cette place suggestive, ennoblie par les constructions baroques qui la bordent et décorée par la *Colonne de la Peste* datant du XVIIIème siècle (oeuvre de F.M. Brokoff), est depuis toujours la voie d'accès au Château. Les édifices qui la bordent, sont le fruit d'une reconstruction qui a été entreprise après l'incendie de 1541.

LE PALAIS ARCHIEPISCOPAL (*Arcibiskupský palác*)

L'édifice d'origine était une demeure Renaissance. Cette dernière a été transformée au cours de la seconde moitié du XVIème siècle, agrandie vers 1600 et modifiée par endroits en style baroque dans la seconde moitié du XVIIème siècle. A cette même époque, l'architecte J.B. Mathey à qui l'on doit les transformations baroques, achevait le magnifique portail principal. Dans la seconde moitié du XVIIIème siècle, J.J. Wirch donnait à la **façade** du palais, son aspect actuel rococo. Au dessus du blason du prince-archevêque A.P. Příchovský se trouve une sculpture de I.F. Platzer. Les décorations précieuses des intérieurs de style baroque tardif, sont de Wirch. Nous remarquerons en particulier les neuf gobelins, les sculptures sur bois, les stucs et les collection de cristals et porcelaines. En 1562, Ferdinand I acheta le Palais pour y loger l'archevêque qui était à peine rentré à Prague à la fin des guerres hussites. Ce palais est encore aujourd'hui le siège de l'archevêché.

Hradčanské náměstí: la façade du Palais Schwarzenberg avec ses sgraffites donne l'illusion d'un bossage en pointes de diamant.

Une vue de la cour du Palais Schwarzenberg.

PALAIS SCHWARZENBERG
MUSÉE D'HISTOIRE MILITAIRE

(*Schwarzenberský palác - Vojenské muzeum*)

L'édifice tel qu'il est aujourd'hui, est de style Renaissance, sur le modèle des palais de d'Italie du Nord. Son architecte italien A. Galli, le construisit entre 1545 et 1576, sur commande de la famille Lobkowitz. La décoration extérieure qui est une copie exemplaire du bossage en pointes de diamant (XVIème siècle) a été refaite entre les XIXème et XXème siècles. Les collections du Musée d'Histoire Militaire, sont exposées depuis 1945 dans l'aile du XVIème. Elles regroupent, dans des salles merveilleusement décorées, des armes préhistoriques, des maquettes de différentes armées européennes remontant jusqu'à 1918, des canons, des uniformes, des décorations, des drapeaux, des étandards, des cartes militaires et des plans de batailles célèbres.

COLLECTION D'ART EUROPÉEN DE LA GALERIE NATIONALE

(*Sbírka evropského umění Národní galerie*)

Elle se trouve dans le **Palais** baroque **Sternberg** (XVII - XVIIIème siècles), depuis 1949 et elle regroupe des oeuvres d'artistes italiens, allemands, hollandais, français et autres artistes européens. Le palais prend le nom de Franz Josef Sternberg qui crea en 1796, la "Société des patriotes amis de l'art". Au fil des années, les oeuvres d'art mises à la disposition de la Galerie par les sociétaires augmentèrent, et avant la seconde guerre mondiale, cette collection devint propriété de l'Etat.

Au premier étage du Palais, nous pouvons admirer les peintures des maîtres italiens des XIVème et XVème siècles, parmi lesquels Sebastiano del Piombo, Antonio Vivarini, Palma le Vieux, Piero della Francesca. Sont ensuite exposées des oeuvres des maîtres hollandais des XVème et XVIème siècles, tels que P. Brueghel le Vieux, (*La fenaison*), P. Brueghel le Jeune (*Paysage d'hiver*), G. tot Sint Jans, J. Gossaert (*Saint-Luc peint la Vierge Marie*). Au deuxième étage, nous trouvons les toiles d'artistes italiens des XVIème et XVIIIème siècles, tels que Canaletto (*Vue de Londres*), Véronèse, Palma le Jeune, Le Tintoret

Portrait de Frédéric III (L. Cranach, 1532).

Paysage rural (P. Brueghel).

Portrait d'Ambrogio Spinola (P.P. Rubens, 1627).

Portrait d'un avocat (Rembrandt, 1634).

(*David avec la tête de Goliath*), Tiepolo (*Portrait d'un patricien vénicien*). Parmi les autres peintres italiens, nous citerons également G. Reni et Agnolo di Cosimo dit "Il Bronzino". Sont ensuite exposées les peintures des maîtres allemands, parmi lesquels A. Dürer (*Fête du Chapelet*); se distinguent également, H. Holbein le Vieux, H. Baldung Grien, L. Cranach le Vieux (*Adam et Eve*), Altdorfer. Parmi les artistes flamands et hollandais du XVIIème siècle, nous remarquerons P.P. Rubens (*Cléopâtre, Saint Augustin, le martyre de Saint Thomas*); A. van Dyck (*Abraham et Isaac*); F. Hals (*Portrait de Gaspar Schode*); J. Jordaens (*Apôtres*); Rembrandt (*le Rabbin*). La peinture espagnole du XVIème siècle, est représentée par une toile de El Greco (D. Theotokópulos) représentant le *Visage du Christ*. Dans l'aile nord et dans l'aile ouest du Palais, sont exposées sur deux étages, les oeuvres des maîtres des XIXème et XXème siècles: G. Klimt, O. Kokoschka (connu pour ses vues de Prague, parmi lesquelles celle du *Pont Charles et Hradčany*), C.D. Friedrich, R. Guttuso, G. Manzù, Delacroix, Courbet, Monet, Cézanne, Gauguin, Renoir, Van Gogh, Toulouse-Lautrec, Matisse, Picasso, Chagall.

Prométhée bleu et rouge (F. Kupka, 1908).

LE PALAIS CZERNIN (*Černínský palác*)

Cet édifice grandiose qui est actuellement le siège du Ministère des Affaires Etrangères, se remarque pour ses dimensions importantes et pour les robustes colonnes qui ponctuent sa façade. Au rez-de-chaussée, on remarque le bossage. Les travaux de construction du palais ont été entrepris dans la seconde moitié du XVIIème siècle, à l'initiative du Conte Czernin de Chudenice, ambassadeur à Vienne. Vers la fin de ce même siècle, les travaux ont été achevés sous la direction de Herman de Chudenice, fils de Czernin. La participation des artistes italiens a été importante, parmi lesquels nous citerons F. Caratti. Dans la première moitié du XVIIIème siècle, on a procédé à l'aménagement du jardin, avec son escalier magnifique décoré d'une fresque de V.V. Reiner (*Chute des Titans*). A la même époque, F.M. Kaňka a apporté quelques transformations à l'édifice. Des travaux de restauration se sont avérés nécessaires vers la moitié du XVIIIème siècle, suite à l'occupation française. Ces travaux ont été réalisés par A. Lurago qui a ajouté trois portails et est à l'origine des aspects rococo de *l'Orangerie* qui est située dans le jardin. A la même époque, I.F. Platzer a réalisé les nombreuses statues qui agrémentent le palais.

Une belle vue d'ensemble du Château de Troja, le petit "Versailles" de Bohême.

Château de Troja: un gros plan du grand escalier extérieur baroque.

CHATEAU DE TROJA
Trojský zámek

Ce splendide édifice baroque est l'une des plus belles résidences d'été de la capitale. Il se trouve dans le quartier Troja qui s'étend au nord de la Vltava, dans la périphérie nord de Prague. Le Conte Sternberg, un des personnages les plus en vue de l'aristocratie pragoise de l'époque, confia la construction de ce château à l'architecte G.B. Mathey. Ce dernier termina les travaux entre 1679 et 1685, prenant modèle sur les villas italiennes classiques pour réaliserla façade. Le grand escalier qui mène au jardin a été ajouté entre 1685 et 1703. Il s'agit de deux rampes d'escalier décorées de sculptures représentant des personnages de la mythologie, réalisées par Johann Georg et Paul Hermann et par les frères Brokoff (*Fils de la Terre, Lutte entre les dieux de l'Olympe et les Titans*). A l'intérieur, nous remarquerons la grande *Salle Impériale* ornée de précieuses fresques de A. Godin ayant pour sujet la *Gloire des Habsbourg*. Une autre fresque du même auteur représente la *Personnification de la Justice*.

Une vue des imposantes colonnades du Palais Czernin qui aujourd'hui est le siège du Ministère des Affaires Etrangères.

Une vue pittoresque du quartier Hradčany.

Les *Salles Chinoises* abritent une collection de céramiques et sont décorées de peintures murales du XIXème siècle ayant trait la Chine. Les Jardins de Troja (*Letohrádek Troja*). Ces magnifiques jardins qui mettent le château en valeur, ont été conçus par l'architecte Mathey, qui a réalisé l'ensemble du château et qui a donné aux jardins une emprunte style Premier baroque français. Des *Orangeries*, situées au fond des jardins, non loin de la Vltava, on peut admirer la belle vue d'ensemble sur ce petit "Versailles" Tchèque. Le château et ses jardins ont retrouvé leur beauté d'antan, grâce à des travaux de restauration. Le château accueille une collection d'art du XIXème siècle.

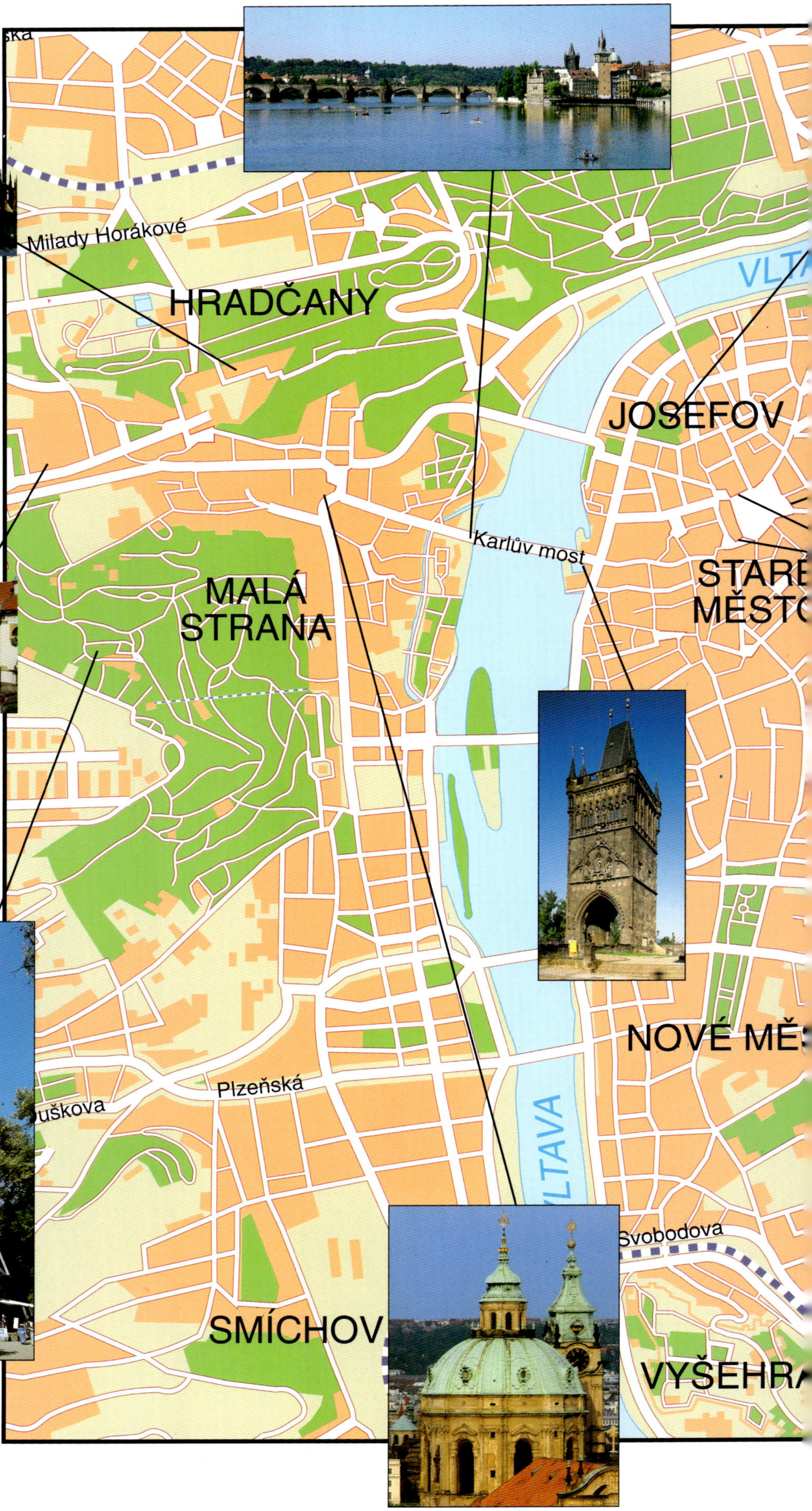

ská
Milady Horákové
HRADČANY
VLTA
JOSEFOV
Karlův most
STARÉ
MĚSTO
MALÁ
STRANA
NOVÉ MĚ
Plzeňská
Duškova
VLTAVA
Svobodova
SMÍCHOV
VYŠEHRA

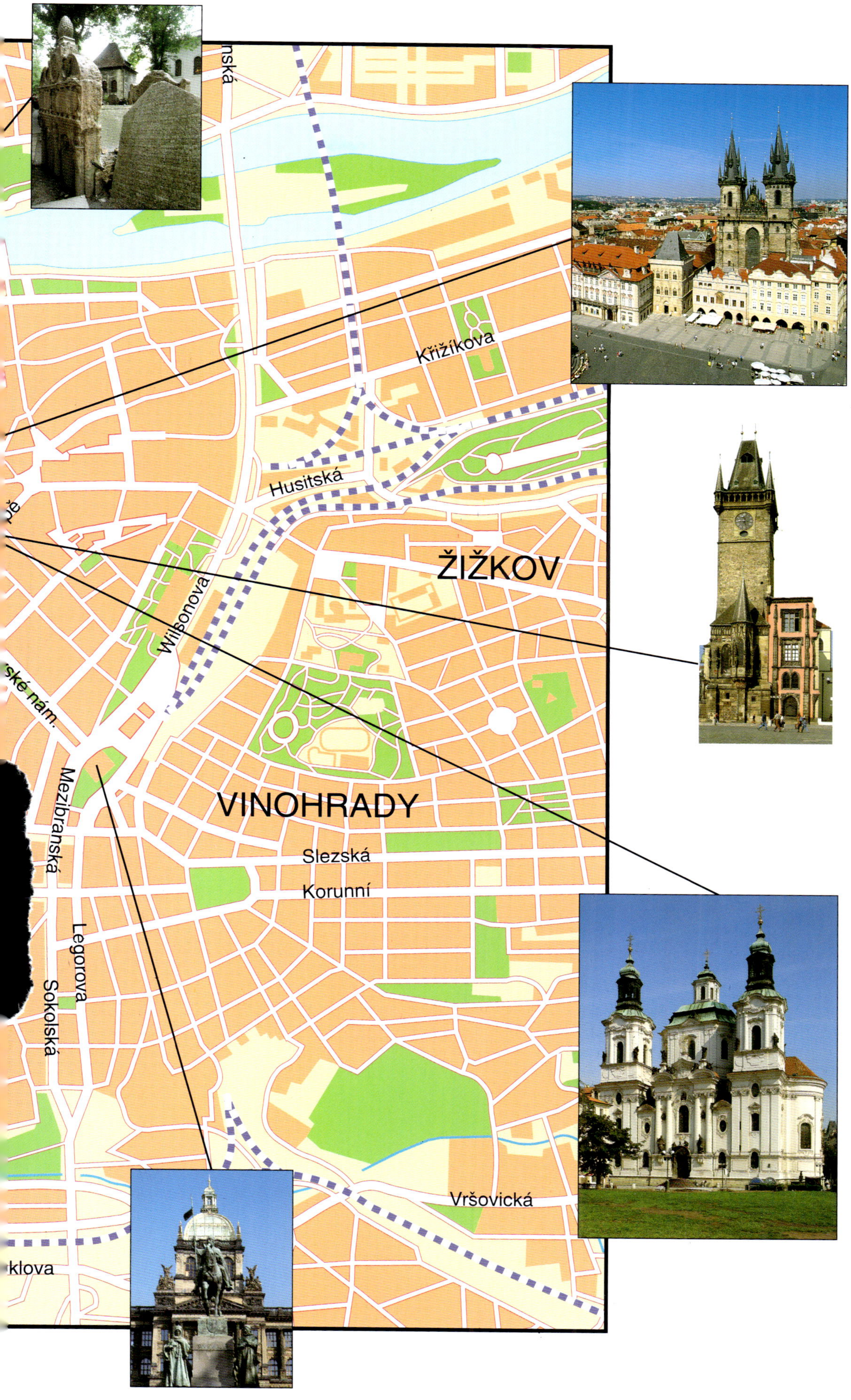
Křižíkova
Husitská
ŽIŽKOV
Wilsonova
VINOHRADY
Mezibranská
Slezská
Korunní
Legorova
Sokolská
Vršovická

INDEX